Wörterbuch

LolliPop

für Kinder
der Grundschule

von Gerhard Sennlaub

Cornelsen

Inhaltsverzeichnis

ABC

1. Aufgaben

Hier kannst du selbstständig lernen,
wie man Wörter im Wörterbuch findet.

Dieses Zeichen heißt:
Suche dir ein Partnerkind.
Arbeite mit ihm zusammen.
Partner helfen einander.

Oder Oder-Aufgaben sind für Könner
und stets freiwillig.
Du kannst wählen, ob du die
normale Aufgabe bearbeiten willst
oder die schwierigere.

Ⓛ Bei diesem Zeichen findest du
die Lösung auf S. 270.

Aufgaben

Ehe du anfängst, solltest du bei deiner Lehrerin oder deinem Lehrer das ABC gelernt und immer wieder geübt haben.
Danach kannst du alleine weiterarbeiten.
Wenn du das der Reihe nach tust,
braucht dir niemand mehr zu helfen.
Nimm dir jeden Tag höchstens zwei Aufgaben vor.

Wichtig: Bei diesen Aufgaben musst du oft nur sehr wenig schreiben. Es sieht nicht schön aus, wenn mitten im Heft einzelne Wörter stehen. Schreibe deshalb zuerst immer die Überschrift: Wörterbuch-Training.

1. Sprich die ABC-Buchstaben wie ein Gedicht:
   A B C D E F G
   H I J K L M N O P
   Q R S T U V W
   X – Y – Z
   Wiederhole immer wieder diese Aufgabe.

2. Ein Kind sagt einen Buchstaben. Beispiel: „T."
   Das andere Kind antwortet mit der ganzen Zeile:
   „Q R S T U V W".
   Oder:
   Erfindet selbst Partnerspiele zum ABC.

3. Sprecht euch das ABC gegenseitig vor.
   Sprecht so schnell, wie ihr könnt.
   Kontrolliert mit dem Sekundenzeiger einer Uhr:
   - Mehr als 15 Sekunden: Weiterüben!
   - 12 bis 15 Sekunden: Ziemlich gut. Weiterüben!
   - 8 bis 12 Sekunden: Wirklich gut!
   - Unter 8 Sekunden: Spitze!

Aufgaben

4. Ordnet diese häufigen Mädchennamen nach den Anfangsbuchstaben.
Ⓛ Vielleicht müsst ihr radieren. Schreibt deshalb zur Vorsicht erst mit Bleistift, danach mit Tinte:
Sofie, Maria, Anna, Lena, Hanna, Emma
Schreibt so: Anna, ...
Oder:
Ordnet in diese Liste zusätzlich noch drei seltene Mädchennamen. Zur Vorsicht erst mit Bleistift:
Berenike, Philine, Cordelia

5. Hier stehen sechs sehr häufige Jungennamen.
Ⓛ Mache es damit wie mit den Mädchennamen:
Maximilian, Alexander, Paul, Lucas, Elias, Felix
Oder:
Ordne in diese Liste zusätzlich drei seltene Jungennamen. Schreibe lieber erst mit Bleistift:
Hennes, Gero, Stig

6. Manche Menschen haben ganz seltene Familiennamen. Schreibe sie nach dem ABC geordnet ins Heft:
Ⓛ *Dornröschen, Butterbrot, Umsonst, Rinderfuß, Eisenkeil, Hühnerkoch, Nietied*
Lass ein Partnerkind kontrollieren.

Denke an die Überschrift: Wörterbuch-Training.

7. Im Kasten stehen durcheinander englische, italienische und russische Vornamen. Sie haben unterschiedliche Schriften. Sucht euch aus, welche der drei Listen ihr schreiben wollt. Ordnet nach dem ABC.

> *Rosa*, **Tatjana**, Jack, **Ljudmilla**, Charlie, **Igor**, Ruby, *Antonio*, Grace, **Wladimir**, *Giuseppe*, *Federico*, **Dimitrij**, Harry, Lucy, *Chiara*, *Lucia*

8. Hier sind sechs Hundenamen nach dem ABC geordnet. Aber dazwischen stehen vier Pferdenamen. Diese sind falsch eingeordnet. Schreibt nur die vier Pferdenamen, geordnet nach dem ABC:
Atze, Kadisha, Bello, Cora, Dago, Obelix, Ekko, Mendestino, Zabija, Falko
Oder:
Schreibt nur die sechs Hundenamen.
Oder:
Schreibt eine Gesamtliste aller zehn Tiernamen in ABC-Ordnung. Übrigens: Alle Namen sind echt!

Denke an die Überschrift: Wörterbuch-Training.

Aufgaben

Arbeite nun mit dem 1. Wörterverzeichnis (ab S. 18).

9. Wahr oder gelogen?
Prüfe, ob die Sätze stimmen oder nicht.

a) Die Wörter **frisch** und **froh** stehen auf derselben Seite.
b) Bei **Qu** gibt es kein einziges schwarzes Wort.
c) Unter dem Wort **Verkehr** stehen vier rote Wörter.
d) **Geburtstag** und **Geschenk** stehen auf derselben Seite.
e) **Onkel** steht im Wörterverzeichnis – aber **Tante** nicht.
f) Auf der Seite mit **Juli** stehen drei weitere Monate.
g) In der **U-Spalte** gibt es nur zwei rot gedruckte Wörter.
h) **Ärmel** ist die Mehrzahl von **Arm**.
i) Sechs rote Wörter fangen mit **ver-** an.
j) In der ersten Spalte von **T** gibt es nur blaue Wörter.

Schreibe dann so:
Die Sätze hinter folgenden Buchstaben sind gelogen ...

10. Schreibe in dein Heft die Wörter für die Zahlen 1, 4, 5, 12, 6. Kontrolliere dann mit dem Wörterverzeichnis.
Oder:
Ordne die Zahlen nach dem ABC, schreibe sie auf und kontrolliere dann mit dem Wörterverzeichnis.

Denke an die Überschrift: Wörterbuch-Training.

11. Suche im Wörterverzeichnis die Namen von Tieren, die so anfangen: *P, A, B, V, I.*
Oder:
Ordne die Namen der Tiere nach dem ABC.
Ordne auch *Löwe, Tiger* und *Stinktier* ein.

12. Bringe die Familie in ABC-Ordnung.
Lass dann ein Partnerkind kontrollieren:
Mutter, Bruder, Onkel, Vater,
Schwester, Tante, Hund, Puppe

13. Schreibe die beiden Sätze vollständig.
Morg- Nachm- spi- wir zus- im Wal- .
Nicht al- Kin- kön- mit Me- und Ga- es- .

14. Ordnet diese Wörter nach dem ABC.

Schreibt dann die letzten Buchstaben in einem Wort hintereinander. Es entsteht ein schönes Lösungswort:
HOF, LIGA, ACH, VERS, KNAPP, TAU, BÜRO, WEILE

15. Schreibe diese Wörter ins Heft.
Drei stehen nicht im Wörterverzeichnis für das 2. Schuljahr. Streiche sie mit dem Lineal durch.
Herbst, Gras, Schwester, Übung, Katze, Buchstabe, Kalender, Birne, Zwiebel, Hunger, Spaß, Oktober, Schere, Kraut, Gespenst, Freitag, Freund

Denke an die Überschrift: Wörterbuch-Training.

Aufgaben

Ordnen nach dem zweiten Buchstaben

Wenn Wörter mit dem gleichen Buchstaben anfangen, kommt es nicht nur auf den ersten, sondern auch auf den zweiten Buchstaben an.

E **a**
E **b** ene
E **c**
E **d** uard
E **e**
E **f** eu
E **g**
E **h** e
E **i**
und so weiter

16. Lege dir eine Tabelle an und ordne nach dem ABC:
Ⓛ *Elli, Esel, Ente, Emma, Erde*
Oder:
Ordne ohne Tabelle nach dem ABC:
Angst, Atom, Apfel, Ast, Arbeit

17. Lege dir eine Tabelle an und ordne nach dem ABC:
Ⓛ *Ohr, Ofen, Onkel, Oma, Ort, Osten, Otto, Ozean*
Oder:
Ordne und schreibe ohne Tabelle:
Pommes, Pizza, Quatsch, Ring, Puppe

Denke an die Überschrift: Wörterbuch-Training.

Mit ä, ö, ü und äu umgehen

Die Buchstaben **ä, ö, ü** und **äu** sind so sortiert, als hätten sie nicht ihre Umlaut-Pünktchen:
Ä ist wie **a,**
ö ist wie **o,**
ü ist wie **u** und
äu ist wie **au** eingeordnet.

18. Ordnet die Wörter im Kasten nach drei Gruppen:
Wörter mit **ä**, Wörter mit **ö,** Wörter mit **ü**.
Ⓛ Ordnet jede Gruppe für sich nach dem ABC.

Rücken, können, wünschen, plötzlich, müde, hören, böse, spät, zwölf, Brötchen, Stängel, Schüler, Äste

19. Schreibe in dein Heft zehn Wörter aus dem Kasten, die man großschreibt.
Oder:
Schreibe alle Wörter, die man großschreibt.

WIND FREITAG ÜBERALL MITTE LICHT STUNDE HUNGER HEFT JUNI ZUERST ZEIT ALLE FREUDE ERST GEBURT GELD KÄLTE

Denke an die Überschrift: Wörterbuch-Training.

Ordnen nach dem 3. und 4. Buchstaben

Wenn die ersten Buchstaben gleich sind, ordnen wir nach dem zweiten. Wenn die aber auch gleich sind? Dann ordnen wir eben nach dem dritten, vierten … Buchstaben:

he **b** en
He **c** ke
d
He **e** r
He **f** t

20. Schreibt eine ABC-Liste von **a** bis **l** und ordnet ein:
Backe, Bagger, Bahn, baden, bald

Ⓛ **Oder:**
Schreibt eine ABC-Liste von **a** bis **z** und ordnet ein:
Backe, Bagger, Barren, bald, Bast, Bayern, Banane, Bauer, Batterie, Bahn

21. Ordne diese Wörter in eine ABC-Liste:
Ⓛ *laden, lachen, lahm, Lack, Lager, lang, lassen, Lampe*
Oder:
Ordne ohne ABC-Liste im Kopf:
Latte, kochen, laden, lachen, Mutter, lahm, lang, Mut

22. Ordne ohne Liste nach dem ABC und schreibe auf:
Ⓛ *Anna, Anton, Sonja, Sofie, Martin, Marie*

Denke an die Überschrift: Wörterbuch-Training.

Arbeite nun mit dem 2. Wörterverzeichnis (ab S. 46).

Bei Nomen die Einzahl suchen
Die Einzahl (der Singular) der Wörter wird immer zuerst genannt. Affen findest du also bei Affe.

23. Schreibe die Einzahl und die Mehrzahl der Wörter:
Sohn, Boden, Hafen, Stein, Stirn, Bad, Zirkus, Cent
Schreibe so: *der Sohn, die ...,*

Bei Verben die Grundform suchen
Wenn du das Wort **siehst** suchst, musst du bei **sehen** nachschlagen.

24. Suche die Verben im Wörterverzeichnis.
sieht, stieß, sank, fährt, stiehlt, bleibst, hilft
Schreibe so: *sieht – sehen, stieß –...*

Vorsilben wegdenken
Viele Wörter haben eine Vorsilbe. Beispiel: **ab**stellen.
Suche solche Wörter auch ohne ihre Vorsilbe.
Beispiel: nicht **weg**schmeißen, sondern schmeißen.

25. Suche die Wörter ohne ihre Vorsilbe:
hinfallen, ausschütteln, wegrennen, runterlaufen, abstellen, ausrechnen

Denke an die Überschrift: Wörterbuch-Training.

Auf Nebenstichwörter achten
Im Wörterbuch sind alle Hauptstichwörter **fett** gedruckt.
Aber dahinter gibt es oft Nebenstichwörter.
Viele Wörter, die du suchst, sind Nebenstichwörter. Sobald du ein ähnliches Hauptstichwort gefunden hast, musst du auch auf die Nebenstichwörter achten.

26. Fünf der folgenden Wiewörter (Adjektive) sind Nebenstichwörter. Schreibe sie auf:
chinesisch, eckig, dicht, eifersüchtig, bläulich, bösartig, dunkel, sparsam, schwarz

27. Schreibe nur die Wörter, die auf einer Seite mit gerader Seitenzahl stehen:
Wecker, zielen, sie schlief, rätselhaft, Beamtin, Nachbarschaft, er rannte, Chefin, Muskelkater, Dampfer, persönlich, Abonnement, Nähzeug
Oder:
Mache es zusätzlich genauso mit diesen Wörtern:
Wächter, am ärgsten, pausieren, Nadelbaum, Dressur, hilfsbereit, Drohung, riskieren, wellig

Denke an die Überschrift: Wörterbuch-Training.

Zusammengesetzte Wörter trennen

Sehr viele Wörter sind aus zwei Wörtern zusammengesetzt. Beispiel: **Nasenloch**. Auch diese Wörter haben nicht alle in einem Wörterbuch Platz.
Aber es gibt einen Trick.
Man kann sie wieder auseinandernehmen und getrennt nachschlagen.
Beispiel: **Nase** steht in diesem Buch und **Loch** auch.

28. Sucht im Wörterverzeichnis und schreibt jedes Wort mit beiden Seitenzahlen.
Zieht jedes Mal die kleinere Seitenzahl von der größeren ab. Addiert alle Ergebnisse.
Hoffentlich ist die Summe 302:
Backenzahn, Nordseewelle, Autobatterie, Brillenetui, Unterrichtsstunde, Hornissenstich

Das Wort **Dosenöffner** ist aus **Dose** und **Öffner** zusammengewachsen.
Und **Öffner** stammt von **öffnen** ab.
Auch solche Wörter kann man meist nur getrennt finden.

29. Suche und schreibe jedes Mal beide Seitenzahlen:
Bohrmaschine, Rücksichtnahme, Straßenkreuzer, Klammeraffe, Ballonfahrer

Denke an die Überschrift: Wörterbuch-Training.

2. Wörterverzeichnis für das 2. Schuljahr

Wichtige Wortarten erkennst du an der Farbe:

Nomen (Namenwörter) sind blau:
das **Haus**

Verben (Tunwörter) sind rot:
singen

Adjektive (Wiewörter) sind grün:
groß

A a

ab
der Abend,
die Abende
aber
abholen
acht
der Affe, die Affen
alle, alles
als
also
alt,
noch älter
am Abend
die Ampel,
die Ampeln
an der Ampel
andere
anders
anfangen
die Angst,
die Ängste

ankommen
anrufen
wir antworten
anziehen
der Apfel, die Äpfel
der April
die Arbeit,
die Arbeiten
wir arbeiten
der Arm, die Arme
der Ast, die Äste
auch
auf
die Aufgabe,
die Aufgaben
aufmachen
aufstehen
das Auge, die Augen
der August
aus
aussehen
das Auto, die Autos

B b

das **Baby,** die **Babys**
backen
baden
der **Ball,** die **Bälle**
die **Bank,** die **Bänke**
der **Bauch,**
die **Bäuche**
bauen
der **Baum,**
die **Bäume**
bei
alle **beide**
das **Bein,** die **Beine**
beißen
sie **bekam**
bekommen
der **Berg,** die **Berge**
beschreiben
besser
das **Bett,** die **Betten**
bewegen,
es **bewegt** sich
bezahlen
die **Biene,**
die **Bienen**
das **Bild,** die **Bilder**
ich **bin**
die **Birne,**
die **Birnen**
bis morgen
du **bist**
bitten
das **Blatt,**
die **Blätter**
blau
bleiben,
es **bleibt**
blond
blühen,
es **blüht**
die **Blume,**
die **Blumen**
die **Blüte,**
die **Blüten**

bluten
der **Boden,**
die **Böden**
böse
braun
brechen, sie bricht
bremsen
es **bricht**
der **Brief,**
die **Briefe**
bringen,
sie **bringt**
das **Brot,** die **Brote**
das **Brötchen,**
die **Brötchen**
der **Bruder,**
die **Brüder**
das **Buch,**
die **Bücher**
bunt
der **Busch,**
die **Büsche**

C c

der **Cent,** die **Cents**
der **Christbaum,**
die **Christbäume**
der **Clown,**
die **Clowns**
der **Computer,**
die **Computer**

D d

da

damals

danken

dann

ich **darf**

das

gut, **dass** du kommst!

davon

dein Freund

deine Freundin

in **deiner** Jacke

in **dem** Haus

gib **den** Ball!

denken

wo **denn**?

der

des Vaters Hose

der **Dezember**

dich

dick

die

der **Dienstag**,

die **Dienstage**

dies

diese Frau

dieser Mann

das **Diktat**,

die **Diktate**

das **Ding**, die **Dinge**

dir

doch

der **Donnerstag**,

die **Donnerstage**

dreckig

drei

an **dritter** Stelle

du

dumm

dunkel

durch

dürfen, sie darf

A B C D E F G H I J K L M N O P Q R S T U V W X Y Z

A B C D E F G H I J K L M N O P Q R S T U V W X Y Z

E e

eben
ehrlich
das Ei, die Eier
eigen
ein
eine
an einem Tag
für einen Freund
mit einer Hand
eines Tages
einfach
eins
einzeln
an einzelnen Tagen
das Eis
der Elefant,
die Elefanten
elektrisch
elf
die Eltern
das Ende, die Enden

endlich
eng
die Ente, die Enten
er
die Erde
erklären
erschrecken
erst
erste
als Erster
erzählen
es
wir essen, sie isst
euch
euer Lehrer
die Eule, die Eulen
eure Lehrerin
der Euro, die Euros
ewig

F f

die **Fabrik,**

die **Fabriken**

fahren, sie fährt

das **Fahrrad,**

die **Fahrräder**

er **fährt**

fallen,

sie **fällt**

falsch

die **Familie,**

die **Familien**

fangen,

er **fängt**

faul

der **Februar**

fehlen

der **Fehler,**

die **Fehler**

feiern

fein

das **Feld,** die **Felder**

das **Fenster,**

die **Fenster**

der **Fernseher**

fertig

fest,

noch **fester**

finden

der **Finger,**

die **Finger**

fleißig

fliegen,

er **fliegt**

der **Flügel,**

die **Flügel**

flüssig

fort

fragen,

er **fragt**

die **Frau,** die **Frauen**

frei

der **Freitag,**

die **Freitage**

freiwillig

fremd
der Fremde,
die Fremden
die Freude,
die Freuden
sich freuen
der Freund,
die Freunde
die Freundin,
die Freundinnen
frisch
froh,
noch froher
die Frucht,
die Früchte
früh,
noch früher
der Frühling
füllen
der Füller, die Füller
fünf
für
der Fuß, die Füße

G g

die Gabel, die Gabeln
ganz fertig
eine ganze Stunde
ein ganzer Tag
der Garten,
die Gärten
geben, sie gibt
die Geburt,
die Geburten
der Geburtstag,
die Geburtstage
die Gefahr,
die Gefahren
gefährlich
gegen
gehen,
er geht
gelb
gelbe Blumen
das Geld,
die Gelder

das **Gemüse**
genau
genug
geschehen
das **Geschenk,**
die **Geschenke**
das **Gesicht,**
die **Gesichter**
gestern
gesund
gesunde Zähne
er **gibt**
das **Glas,** die **Gläser**
das **Glück**
das **Gras,** die **Gräser**
grau
groß,
noch **größer**
grün
gucken
gut, besser

H h

das **Haar,**
die **Haare**
haben, sie hat
der **Hals,** die **Hälse**
halten,
er **hält**
die **Hand,**
die **Hände**
hart, härter
der **Hase,** die **Hasen**
sie **hat,** er **hatte**
das **Haus,**
die **Häuser**
die **Haut,**
die **Häute**
die **Hecke,**
die **Hecken**
das **Heft,** die **Hefte**
heiß und kalt
heißen
helfen, er hilft

hell
das **Hemd,**
die **Hemden**
her damit!
der **Herbst**
der **Herr,** die **Herren**
das **Herz,** die **Herzen**
heute
die **Hexe,** die **Hexen**
hier
die **Hilfe,** die **Hilfen**
er **hilft**
der **Himmel,**
die **Himmel**
hin
hinfallen
hingehen
hinter mir
holen
hören
die **Hose,** die **Hosen**
der **Hund,** die **Hunde**
hundert

I i

ich
die **Idee,** die **Ideen**
der **Igel,** die **Igel**
mit **ihm**
für **ihn**
mit **ihnen** allen
ihr Bruder
ihre Puppe
im Haus
immer
in dem Haus
innen
ab **ins** Bett!
die **Insel,** die **Inseln**
insgesamt
interessant
interessieren
sie **isst** alles auf
es **ist** Zeit

J j

ja
jagen
das **Jahr**, die **Jahre**
jährlich
der **Januar**
jede Frau
jeder Mann
jedes Kind
jemand
jetzt
jubeln
der **Juli**
jung
der **Junge**,
die **Jungen**
der **Juni**

K k

der **Käfer**, die **Käfer**
der **Kalender**,
die **Kalender**
kalt
die **Kälte**
ich **kam** (von kommen)
er **kann** (von können)
kaputt
die **Katze**,
die **Katzen**
kaufen
kein Tag
keine Stunde
keiner weiß das
das **Kind**, die **Kinder**
das **Kino**, die **Kinos**
klar
die **Klasse**,
die **Klassen**
das **Kleid**,
die **Kleider**

klein
kochen
kommen
können, er kann
der Kopf, die Köpfe
der Körper,
die Körper
was kosten die Bücher?
was kostet ein Buch?
der Krach
krank
das Kraut,
die Kräuter
kriegen,
er kriegt
der Kuchen,
die Kuchen
die Kuh,
die Kühe
kurz

L l

lachen
wir laden ein
das Land, die Länder
lang, lange
langsam
lassen, er lässt
laufen,
sie läuft
laut,
noch lauter
lauter Arbeit
das Leben
wir leben,
er lebt
legen,
sie legt
der Lehrer,
die Lehrer
die Lehrerin,
die Lehrerinnen

leicht
leise
lernen
lesen, er liest
das letzte Mal
die Leute
das Lexikon
das Licht, die Lichter
lieb
lieben
das Lied, die Lieder
liegen,
er liegt
er liest
die Lippe,
die Lippen
das Loch, die Löcher
los
die Luft, die Lüfte
lügen
lustig

M m

machen
das Mädchen,
die Mädchen
ich mag das
der Magen,
die Mägen
der Mai
geh mal weg!
wir malen Bilder
die Mama
die Mami
man sieht es
manchmal
der Mann,
die Männer
männlich
der März
die Maschine,
die Maschinen
die Maus,
die Mäuse

mehr wert
mein
für **meine** Mutter
wir **meinen** es gut
von **meiner** Mutter
der **Mensch**,
die **Menschen**
merken
messen
das **Messer**,
die **Messer**
der/das **Meter**,
die **Meter**
für **mich**
die **Milch**
die **Minute**,
die **Minuten**
von **mir**
mit
mitmachen
mitnehmen
der **Mittag**,
die **Mittage**

die **Mitte** finden
der **Mittwoch**
ich **möchte**
mögen, sie mag
möglich
der **Monat**,
die **Monate**
der **Montag**,
die **Montage**
der **Morgen**
morgen früh
müde
der **Mund**,
die **Münder**
die **Musik**
müssen,
ich **muss**, sie muss
die **Mutter**,
die **Mütter**
die **Mütze**,
die **Mützen**

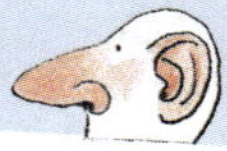

N n

nach
der **Nachbar,**
die **Nachbarn**
der **Nachmittag,**
die **Nachmittage**
nachsehen
der **nächste** Tag
die **Nacht,**
die **Nächte**
nah
die **Nähe**
die **Nahrung**
der **Name,**
die **Namen**
nämlich
die **Nase,** die **Nasen**
nass
natürlich
der **Nebel,** die **Nebel**
nehmen, sie nimmt
nein
nennen
das **Nest,**
die **Nester**
nett
das **Netz,** die **Netze**
neu
neun, zehn, elf
nicht
nichts
nicken
nie
niedlich
niemand
sie **nimmt** (von nehmen)
noch
die **Not,** die **Nöte**
die **Note,** die **Noten**
der **November**
nun
nur
die **Nuss,** die **Nüsse**

A B C D E F G H I J K L M N O P Q R S T U V W X Y Z

O o

ob
oben
das obere Stockwerk
das Obst
obwohl
oder
offen geblieben
oft, öfter
ohne
das Ohr, die Ohren
der Oktober
die Oma, die Omas
der Onkel,
die Onkel
der Opa, die Opas
ordentlich
ordnen
die Ordnung,
die Ordnungen
der Ort, die Orte
das Ostern

P p

ein paar Tage
packen
das Paket,
die Pakete
der Papa, die Papas
das Papier,
die Papiere
die Pappe,
die Pappen
passen
passieren
die Pause,
die Pausen
die Person,
die Personen
pfeifen
das Pferd,
die Pferde
wir pflanzen
pflegen,
sie pflegt

pflücken
der Pinsel,
die Pinsel
die Pizza, die Pizzen
oder: Pizzas
der Platz, die Plätze
platzen
plötzlich
der Plural
die Polizei
der Polizist,
die Polizisten
die Pommes
der Preis, die Preise
probieren
der Punkt,
die Punkte
die Puppe,
die Puppen
putzen

Qu qu

das Quadrat,
die Quadrate
quaken
der Quark
der Quatsch
quatschen
die Quelle,
die Quellen
quer
quetschen

A B C D E F G H I J K L M N O P Q R S T U V W X Y Z

R r

das **Rad,** die **Räder**

der **Rand,**

die **Ränder**

rasch

sie **rasen**

wir **raten**

die **Raupe,**

die **Raupen**

rechnen

die **rechte** Hand

rechts

reden

die **Regel,**

die **Regeln**

der **Regen**

regnen

das **Reh,** die **Rehe**

reich sein

die **Reihe,**

die **Reihen**

rein

reingehen

reisen

reiten

rennen

retten

richtig

riechen

der **Ring,** die **Ringe**

der **Rock,** die **Röcke**

rollen

der **Roller,** die **Roller**

rosa

rot

der **Rücken,**

die **Rücken**

rufen

ruhig

rund

runterfallen

die **Rutsche,**

die **Rutschen**

wir **rutschen**

S s

die **Sache**,
die **Sachen**
der **Saft**,
die **Säfte**
sagen,
er **sagt**
das **Salz**
der **Samen**,
die **Samen**
der **Samstag**,
die **Samstage**
der **Sand**
sandig
er **sang** schön
der **Satz**,
die **Sätze**
sauber
sausen

schaffen
scharf
schauen
schaukeln
scheiden
scheinen
schenken
die **Schere**,
die **Scheren**
schicken
schieben
schief
schießen
das **Schiff**,
die **Schiffe**
schimpfen
schlafen,
er **schläft**
schlagen,
sie **schlägt**
schlau
schlecht
schleudern

A B C D E F G H I J K L M N O P Q R S T U V W X Y Z

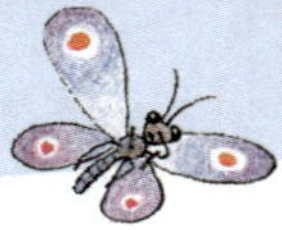

A B C D E F G H I J K L M N O P Q R S T U V W X Y Z

schließen
schlimm
der Schluss,
die Schlüsse
der Schlüssel,
die Schlüssel
schmecken
schmeißen
der Schmetterling,
die Schmetterlinge
schmutzig
der Schnee
schneiden
schnell
schon
schön
der Schrank,
die Schränke
schreiben,
sie schreibt
schreien
die Schrift,
die Schriften

der Schuh,
die Schuhe
die Schule,
die Schulen
der Schutz
schwach
der Schwanz,
die Schwänze
schwarz
schwer
die Schwester,
die Schwestern
schwimmen

sechs
der **See,** die **Seen**
sehen, er sieht
sehr
die **Seife,** die **Seifen**
sein Heft
seine Hefte
in **seiner** Tasche
seit gestern
die **Seite,** die **Seiten**
die **Sekunde,**
die **Sekunden**
selber
selbst
selten
senden
der **September**
setzen
sich
sicher
sie und er
sieben
er **sieht** (von sehen)

sie **sind**
wir **singen,**
er **singt**
sitzen,
er **sitzt**
so
sofort
sogar
der **Sohn,** die **Söhne**
sollen
der **Sommer,**
die **Sommer**
sondern
die **Sonne,**
die **Sonnen**
der **Sonntag,**
die **Sonntage**
sonst

A B C D E F G H I J K L M N O P Q R **S** T U V W X Y Z

die **Spagetti**
sparen
der **Spaß**,
die **Späße**
spät
der **Spaziergang**,
die **Spaziergänge**
das **Spiel**, die **Spiele**
spielen
spitz
der **Sport**
sprechen,
sie **spricht**
springen,
er **springt**

die **Stadt**,
die **Städte**
die **Stange**
der **Stängel**
stark
stecken
stehen,
er **steht**
steigen
steil
der **Stein**, die **Steine**
wir **stellen** es hin
sterben
der **Stift**, die **Stifte**
still
die **Stimme**,
die **Stimmen**
die **Stirn**, die **Stirnen**
der **Stock**,
die **Stöcke**
stolz
stören
stoßen

die **Straße,**
die **Straßen**
der **Strauch,**
die **Sträucher**
streicheln
der **Streit**
das **Stück,**
die **Stücke**
die **Stunde,**
die **Stunden**
suchen
die **Suppe,**
die **Suppen**

T t

der **Tag,**
die **Tage**
die **Tante,**
die **Tanten**
die **Tasche,**
die **Taschen**
tausend
der **Teddy,**
die **Teddys**
der **Tee,** die **Tees**
das **Telefon,**
die **Telefone**
der **Teller,**
die **Teller**
die **Temperatur,**
die **Temperaturen**
teuer
der **Teufel,**
die **Teufel**
der **Text,** die **Texte**

das **Thermometer,**
die **Thermometer**
tief
das **Tier,** die **Tiere**
der **Tisch,** die **Tische**
die **Tochter,**
die **Töchter**
toll
der **Topf,** die **Töpfe**
tot umfallen
tragen,
er **trägt**
der **Traum,**
die **Träume**
traurig
treu
trinken
trocken
trotzdem
tüchtig
wir **tun** alles
die **Tür,** die **Türen**
turnen

U u

üben, sie übt
über
überall
überhaupt
übrig
sie **übt**
die **Übung,**
die **Übungen**
die **Uhr,** die **Uhren**
um
und
der **Unfall,**
die **Unfälle**
uns
unser Haus
unsere Wohnung
unten im Keller
unter dem Sofa

V v

der **Vater,** die **Väter**
verbieten
vergessen,
er **vergisst**
der **Verkehr**
verlieren
verloren
verstehen
versuchen
viel Zeit
vier
der **Vogel,** die **Vögel**
voll
vom Vater
von dem Vater
vor dem Haus
vorbei
vorher
vorn, vorne
vorsichtig

W w

der **Wagen,**
die **Wagen** rollen
der **Wald,** die **Wälder**
wann
es **war** einmal
warm
die **Wärme**
warten
warum
was
waschen,
er **wäscht**
das **Wasser**
geh **weg**!
der **Weg,** die **Wege**
wegfahren
weglaufen
wehtun, es tat weh
weich
das **Weihnachten,**
die **Weihnachten**

A B C D E F G H I J K L M N O P Q R S T U V W X Y Z

A B C D E F G H I J K L M N O P Q R S T U V **W** X Y Z

weil
weinen
weiß
weit und breit
noch **weiter**
weitergehen
welche
welcher
die **Welt,**
die **Welten**
wem gehört das ?
für **wen** ist das?
wenig
wenn ich gehe
wir **werden,** es wird
werfen, er wirft
das **Wetter**
wie
wieder
wiederkommen
wiegen
die **Wiese,**
die **Wiesen**

wild
ich **will**
der **Wind,**
die **Winde**
der **Winter,**
die **Winter**
wir
es **wird** schön
er **wirft**
wirklich
wo
die **Woche,**
die **Wochen**
wohnen
die **Wolke,**
die **Wolken**
wollen, er will
das **Wort,** die **Worte**
wünschen
es **wurde** hell
die **Wurzel,**
die **Wurzeln**
wütend

Z z

die **Zahl,** die **Zahlen**
wir **zahlen** Geld
zählen
der **Zahn,**
die **Zähne**
der **Zahnarzt**
die **Zehe,** die **Zehen**
zehn, elf, zwölf
zeigen,
er **zeigt**
die **Zeit,** die **Zeiten**
die **Zeitung,**
die **Zeitungen**
das **Zelt,** die **Zelte**
der/das **Zentimeter,**
die **Zentimeter**
der **Zettel,**
die **Zettel**
das **Zeug**
ziehen

das **Zimmer,**
die **Zimmer**
die **Zipfelmütze,**
die **Zipfelmützen**
der **Zirkus,**
die **Zirkusse**
der **Zoo,** die **Zoos**
zu
der **Zucker**
zuerst
der **Zug,** die **Züge**
zuletzt
zum Beispiel
zur ersten Stunde
zurück
zusammen
zwanzig
zwei
an **zweiter** Stelle
die **Zwiebel,**
die **Zwiebeln**
zwischen
zwölf

UHREN
XYZ
ABC
DEFG
arkt
33 ABC
ABC
H

3. Wörterverzeichnis für das 3./4. Schuljahr

Die fett gedruckten Wörter
heißen Hauptstichwörter.
Die Striche bei den Stichwörtern zeigen,
wo du ein Wort trennen kannst:

die **Am|pel,** die Ampeln

Aachen

A a

Aachen (NRW)
der **Aal,** die Aale
Aalen (BW)
ab und zu

alles zusammen

ab-
abfüllen, **ab**hauen, **ab**holen, **ab**kriegen, **ab**kühlen, **ab**liefern, **ab**machen usw.

ab|bau|en, er baute ab
ab|bei|ßen, sie biss ab, er hat abgebissen
ab|bie|gen, sie bog ab, er ist abgebogen
die **Ab|bil|dung,** die Abbildungen
ab|bre|chen, ich brach ab, er hat abgebrochen
das **Abc**
der **Abend,** die Abende, abends
das **Abend|brot**
das **Aben|teu|er,** die Abenteuer
aber
der **Aber|glau|be,** abergläubisch

ab|fah|ren, ich fuhr ab, ich bin abgefahren
der **Ab|fall,** die Abfälle
ab|fül|len, sie füllte ab
das **Ab|gas,** die Abgase
ab|ge|ben, er gab ab, er hat abgegeben
der/die **Ab|ge|ord|ne|te,** die Abgeordneten
ab|ge|schlos|sen (von abschließen)
der **Ab|hang,** die Abhänge
ab|ho|len, er holte ab
das **Abi|tur**
ab|la|den, er lud ab, er hat abgeladen
der **Ab|le|ger,** die Ableger
ab|lie|fern, er lieferte ab
ab|ma|chen, sie machten ab
ab|mes|sen, er maß ab, sie hat abgemessen
ab|neh|men, sie nahm ab, sie hat abgenommen
abon|nie|ren, das Abonnement [sprich: abonnem~~ang~~]
ab|rei|ßen, ich riss ab, ich habe abgerissen
der **Ab|satz,** die Absätze

ab|schla|gen,
er schlug ab,
sie hat abgeschlagen

der **Ab|schluss,**
die Abschlüsse,
abschließen

ab|schnei|den,
er schnitt ab,
er hat abgeschnitten

ab|schrei|ben,
er schrieb ab,
sie hat abgeschrieben

ab|seits

der **Ab|sen|der,**
die Absender, absenden

die **Ab|sicht,** die Absichten,
absichtlich

ab|so|lut

der **Ab|stand,** die Abstände

ab|ste|cken,
sie steckte ab

ab|stei|gen, er stieg ab,
er ist abgestiegen

ab|stim|men,
sie stimmten ab,
die Abstimmung

ab|stop|pen,
er stoppte ab

das **Ab|teil,** die Abteile

ab|trock|nen,
er trocknete ab

ab|wärts

der **Ab|wasch,** abwaschen

das **Ab|was|ser**

ab|wech|seln,
er wechselte ab,
immer abwechselnd

ab|we|send

ab|wi|schen,
sie wischte ab

ach

Achern (BW)

Achim (NI)

die **Ach|se,** die Achsen

acht

ach|ten

acht|ge|ben,
ich gab acht,
sie hat achtgegeben

der **Acker,** die Äcker

ad|die|ren

Ade sa|gen

das **Ad|jek|tiv,** die Adjektive

der **Ad|ler,** die Adler

adop|tie|ren, die Adoption

die **Adres|se,** die Adressen

der **Ad|vent,**
der Adventskranz

der **Af|fe,** die Affen

Afri|ka, die Afrikaner,
afrikanisch

ag|gres|siv

Ahaus

Ahaus (NRW)

ah|nen, die Ahnung

ähn|lich

die **Äh|re,** die Ähren

Ahrensburg (SH)

Aibling, Bad (BY)

Aichach (BY)

das **Aids**

der **Air|bag** [sprich: ärbäg], die Airbags

der **Air|bus,** die Airbusse

der **Ak|ku,** die Akkus

der **Ak|ku|sa|tiv,** die Akkusative (4. Fall)

die **Ak|te,** die Akten

die **Ak|ti|on,** die Aktionen

ak|tiv, die Aktivität

ak|tu|ell

die **Akus|tik,** akustisch

akut

der **Ak|zent,** die Akzente

ak|zep|tie|ren

der **Alarm,** die Alarme

al|bern

Albstadt (BW)

der **Al|ko|hol**

all, alle

das **All**

Al|lah

die **Al|lee,** die Alleen

al|lein

der/die **Al|lein|er|zie|hen|de,** die Alleinerziehenden

vor **al|lem**

mit **al|len** Sachen

al|ler, aller Tage Abend

al|ler|dings

al|les

all|ge|mein, im Allgemeinen

das **Al|pha|bet,** die Alphabete

als

Alsfeld (HE)

al|so

alt, älter, am ältesten

Altdorf (BY)

der/die **Al|te,** die Alten

Altena (NRW)

das **Al|ter,** etwas Altes

Alzenau (BY)

Alzey (RP)

am (an dem)

Amberg (BY)

die **Amei|se,** die Ameisen

Ame|ri|ka, die Amerikaner, amerikanisch

die **Am|pel,** die Ampeln

die **Am|sel,** die Amseln

das **Amt,** die Ämter

an

Andernach

alles zusammen

an-
anbellen, **an**fassen,
anmalen, **an**melden,
anschauen usw.

an|bei|ßen, er biss an,
er hat angebissen
an|bin|den, er band an,
sie hat angebunden
an|de|re, ein anderer
unter **an|de|rem**
an|de|rer|seits
etwas **an|de|res**
än|dern, die Änderung
ganz **an|ders**
die **An|er|ken|nung**
an|fah|ren, es fuhr an,
es ist angefahren
an|fal|len, es fiel an,
es ist angefallen
der **An|fang,** die Anfänge
an|fan|gen, ich fing an,
ich habe angefangen
die **An|ga|be,** die Angaben
an|ge|ben, er gab an,
sie hat angegeben
an|geb|lich
das **An|ge|bot,** die Angebote
der/die **An|ge|hö|ri|ge,**
die Angehörigen

der/die **An|ge|klag|te,**
die Angeklagten
die **An|gel,** die Angeln,
angeln
an|ge|nehm
Angermünde (BB)
an|ge|sichts,
angesichts der Blitze
und des Donners
der/die **An|ge|stell|te,**
die Angestellten
an|ge|wie|sen sein
die **An|gi|na**
an|grei|fen, er griff an,
er hat angegriffen,
der Angriff
die **Angst,** die Ängste,
ängstlich
an|ha|ben, sie hatte an,
er hat angehabt
an|hal|ten, sie hielt an,
sie hat angehalten
der **An|hang,** die Anhänge,
der Anhänger
der **An|ker,** die Anker
an|kla|gen, die Anklage
an|kom|men,
er kam an,
sie ist angekommen
die **An|la|ge,** die Anlagen
der **An|lass,** die Anlässe

an|le|gen, er legte an
Annaberg-Buchholz (SN)
an|neh|men, er nahm an, er hat angenommen
die **An|non|ce,** die Annoncen, annoncieren
ano|nym
der **Ano|rak,** die Anoraks
an|ru|fen, sie rief an, er hat angerufen
an|schaf|fen, er schaffte an
an|schau|en, sie schaute an
an|se|hen, sie sah an, er hat angesehen
die **An|sicht,** die Ansichten
der **An|spruch,** die Ansprüche
an|stän|dig
(sich) **an|stel|len,** sie stellte (sich) an
der **An|teil,** die Anteile
der **An|trag,** die Anträge
die **Ant|wort,** die Antworten
ant|wor|ten
die **An|zei|ge,** die Anzeigen, anzeigen
an|zie|hen, er zog an, sie hat angezogen
der **An|zug,** die Anzüge
an|zün|den, sie zündete an
der **Ap|fel,** die Äpfel, das Apfelmus
Apolda (TH)
der **Apos|tel,** die Apostel
die **Apo|the|ke,** die Apotheken
der **April**
das **Aqua|ri|um,** die Aquarien
die **Ara|ber,** arabisch
die **Ar|beit,** die Arbeiten
ar|bei|ten
der **Ar|bei|ter,** die Arbeiter, die Arbeitskraft
der **Ar|beits|platz,** die Arbeitsplätze
arg, ärger, am ärgsten
der **Är|ger**
är|ger|lich
(sich) **är|gern,** ich ärgerte (mich)
arm, ärmer, am ärmsten
der **Arm,** die Arme, das Armband
der **Är|mel,** die Ärmel
Arnstadt (TH)
Arolsen, Bad (HE)
die **Art,** die Art und Weise
der **Ar|ti|kel,** die Artikel

Aschaffenburg

der **Arzt,** die Ärzte,
die Ärztin
Aschaffenburg (BY)
die **Asche**
Aschersleben (ST)
der **Ast,** die Äste
der **At|las,** die Atlasse/
die Atlanten
Attendorn (NRW)
auch
Aue (SN)
Auerbach/
Vogtland (SN)
auf
auf|bau|en, er baute auf
der **Auf|ent|halt**
auf|es|sen, er aß auf,
sie hat aufgegessen
auf|fal|len, sie fiel auf,
er ist aufgefallen
die **Auf|fas|sung,**
die Auffassungen
auf|fres|sen, er fraß auf,
er hat aufgefressen
auf|füh|ren,
er führte auf
die **Auf|ga|be,** die Aufgaben
auf|ge|ben, er gab auf,
sie hat aufgegeben
auf|ge|hen, es ging auf,
es ist aufgegangen

auf|ge|nom|men
(von aufnehmen)
auf|grund ihrer Bitte
und seines Briefs
auf|ha|ben, er hatte auf,
er hat aufgehabt
auf|hal|ten, sie hielt auf,
sie hat aufgehalten
auf|he|ben, er hob auf,
er hat aufgehoben
auf|hö|ren, es hörte auf
auf|ma|chen,
er machte auf
auf|merk|sam
die **Auf|nah|me,**
die Aufnahmen
auf|neh|men,
er nahm auf,
sie hat aufgenommen
auf|pas|sen,
ich passte auf
auf|räu|men,
sie räumte auf (Raum)
auf|recht
(sich) **auf|re|gen,**
er regte (sich) auf
wie **auf|re|gend!**
auf|rei|ßen, er riss auf,
sie hat aufgerissen
aufs (auf das)
auf|sa|gen, er sagte auf

der **Auf|satz,** die Aufsätze
auf|schla|gen,
er schlug auf,
er hat aufgeschlagen
auf|schnei|den
er schnitt auf,
er hat aufgeschnitten
auf|schrei|ben,
sie schrieb auf,
er hat aufgeschrieben
auf|schrei|en,
er schrie auf,
sie hat aufgeschrien
auf|set|zen,
er setzte auf
auf|sper|ren,
sie sperrte auf
auf|ste|cken,
er steckte auf
auf|ste|hen,
ich stand auf,
ich bin aufgestanden
auf|stel|len,
sie stellte auf
der **Auf|trag,** die Aufträge
auf|wa|chen,
ich wachte auf,
ich bin aufgewacht
auf|wach|sen,
sie wuchs auf,
er ist aufgewachsen
auf|we|cken,
er weckte auf
auf|zie|hen, er zog auf,
sie hat aufgezogen
das **Au|ge,** die Augen,
die Augenbraue,
die Augenwimper
der **Au|gen|blick,**
die Augenblicke
der **Au|gust**
Aurich (NI)
aus
aus|bil|den,
er bildete aus
aus|blei|ben,
sie blieb aus,
er ist ausgeblieben
aus|bre|chen,
er brach aus,
er ist ausgebrochen
aus|brei|ten,
er breitete aus
der **Aus|druck,**
die Ausdrücke,
ausdrücklich
aus|ei|nan|der
der **Aus|flug,** die Ausflüge
die **Aus|ga|be,**
die Ausgaben
aus|ge|ben, er gab aus,
sie hat ausgegeben

Außernzell

aus|ge|hen, er ging aus, er ist ausgegangen
aus|ge|schlos|sen (von ausschließen)
aus|gra|ben, er grub aus, er hat ausgegraben
aus|hal|ten, ich hielt aus, sie hat ausgehalten
aus|hel|fen, ich half aus, sie hat ausgeholfen
sich **aus|ken|nen,** er kannte sich aus, er hat sich ausgekannt
aus|kip|pen, er kippte aus
aus|kom|men, er kam aus, er ist ausgekommen
die **Aus|kunft,** die Auskünfte
aus|la|chen, er lachte aus
aus|la|den, er lud aus, sie hat ausgeladen
das **Aus|land,** der Ausländer
aus|lau|fen, es lief aus, es ist ausgelaufen
aus|le|gen, sie legte aus
aus|ma|chen, er machte aus
aus|nüt|zen, er nützte aus
aus|rei|ßen, sie riss aus, sie ist ausgerissen
(sich) **aus|ru|hen,** ich ruhte (mich) aus

aus|rut|schen, er rutschte aus
aus|schau|en, es schaute aus
aus|schimp|fen, er schimpfte aus
aus|schließ|lich
aus|se|hen, es sah aus, es hat ausgesehen
au|ßen
au|ßer, außerdem
der **Aus|sichts|turm,** die Aussichtstürme
aus|spu|cken, er spuckte aus
aus|spü|len, er spülte aus
aus|stei|gen, sie stieg aus, sie ist ausgestiegen
die **Aus|stel|lung,** die Ausstellungen
aus|ster|ben, er starb aus, er ist ausgestorben
aus|su|chen, ich suchte aus
aus|trei|ben, er trieb aus, er hat ausgetrieben
aus|tre|ten, er trat aus, ich bin ausgetreten, er ist ausgetreten
aus|trin|ken, sie trank aus, sie hat ausgetrunken

aus|wa|schen, sie wusch aus, er hat ausgewaschen

aus|wen|dig

aus|zie|hen, ich zog aus, ich bin ausgezogen

das **Au|to,** die Autos, der Autounfall

die **Au|to|bahn,** die Autobahnen

der **Au|to|fah|rer,** die Autofahrer

das **Au|to|gramm,** die Autogramme

der **Au|to|mat,** die Automaten

der **Au|tor,** die Autoren, die Autorin

die **Axt,** die Äxte

B b

Babenhausen (HE)

das **Ba|by** [sprich: bejbi], die Babys

der **Bach,** die Bäche

die **Ba|cke,** die Backen

ba|cken, er bäckt/backt, sie backte/buk, der Bäcker, die Bäckerei, das Gebäck

Backnang (BW)

das **Bad,** die Bäder, der Badeanzug, die Badewanne

ba|den

Ba|den-Würt|tem|berg (Bundesland), die Baden-Württemberger, baden-württembergisch

Baesweiler (NRW)

der **Bag|ger,** die Bagger

die **Bahn,** die Bahnen, der Bahnhof, der Bahnsteig, Bahn fahren

bah|nen, einen Weg bahnen

die **Bah|re,** die Bahren

die **Bak|te|rie,** die Bakterien

Balingen

ba|lan|cie|ren, die Balance
bald, in Bälde
Balingen (BW)
der **Bal|ken,** die Balken
der **Bal|kon,** die Balkons/die Balkone
der **Ball,** die Bälle, Ball spielen
der **Bal|lon,** die Ballons/die Ballone
Bamberg (BY)
der **Bam|bus**
die **Ba|na|ne,** die Bananen
das **Band,** die Bänder (zum Binden)
der **Band,** die Bände (Buch)
die **Band** [sprich: bänd], die Bands (Musikgruppe)
die **Ban|de,** die Banden
bän|di|gen
ban|ge, ich bin bange
ban|gen
die **Bank,** die Banken (Sparkasse)
die **Bank,** die Bänke (Sitzbank)
bar, bar bezahlen
der **Bär,** die Bären
die **Ba|ra|cke,** die Baracken
bar|fuß

Bargteheide (SH)
barm|her|zig, die Barmherzigkeit
das **Ba|ro|me|ter,** die Barometer
der **Bar|ren,** die Barren
Barsinghausen (NI)
der **Bart,** die Bärte
die **Ba|se,** die Basen
die **Ba|sis**
der **Bas|ket|ball,** die Basketbälle
der **Bass,** die Bässe
Bassum (NI)
der **Bast**
bas|teln
die **Bat|te|rie,** die Batterien
der **Bau,** die Baue (von Tieren)
der **Bau,** die Bauten (Gebäude)
der **Bauch,** die Bäuche
bau|en
der **Bau|er,** die Bauern, die Bäuerin
das/der **Bau|er,** die Bauer (Vogelkäfig)
der **Baum,** die Bäume, der Baumstamm
bau|meln
die **Baum|wol|le**
Baunatal (HE)

Bayreuth

Bautzen (SN)

Bay|ern (Bundesland), der Bayer, die Bayerin / die Bayrin, bayerisch / bayrisch

die **Ba|zil|le,** die Bazillen

be|ach|ten, die Beachtung, beachtlich

der **Be|am|te,** die Beamten, die Beamtin

be|an|tra|gen

der **Beat** [sprich: biet], die Beatmusik

be|ben

der **Be|cher,** die Becher

das **Be|cken,** die Becken

Beckum (NRW)

sich **be|dan|ken,** ich bedankte mich

be|dau|ern, bedauerlich

Bedburg (NRW)

be|de|cken, bedeckt

be|den|ken, er bedachte, er hat bedacht, bedenklich, die Bedenkzeit

be|deu|ten, die Bedeutung

be|die|nen, die Bedienung

die **Be|din|gung,** die Bedingungen, bedingungslos

das **Be|dürf|nis,** die Bedürfnisse, bedürftig

sich **be|ei|len,** er beeilte sich

be|en|den, die Beendigung

be|er|di|gen, die Beerdigung

die **Bee|re,** die Beeren

das **Beet,** die Beete

be|feh|len, du befiehlst, sie befahl, er hat befohlen, der Befehl

be|fes|ti|gen, die Befestigung

sich **be|fin|den,** sie befand sich, er hat sich befunden

be|för|dern, die Beförderung

be|frei|en, die Befreiung

be|frie|di|gend, die Befriedigung

be|fruch|ten, die Befruchtung

be|gabt, die Begabung

es **be|gann** (von beginnen)

sich **be|ge|ben,** er begab sich, sie hat sich begeben

be|geg|nen, die Begegnung

Beilngries

be|geis|tert
be|gie|ßen, sie begoss, sie hat begossen
be|gin|nen, sie begann, es hat begonnen, der Beginn
be|glei|ten, die Begleitung
be|gra|ben, wir begruben, wir haben begraben, das Begräbnis
be|grei|fen, sie begriff, hat begriffen, der Begriff
be|grün|den, die Begründung
be|grü|ßen
be|hal|ten, sie behielt, sie hat behalten, der Behälter
be|han|deln, die Behandlung
be|haup|ten, die Behauptung
(sich) **be|herr|schen,** ich beherrschte (mich), die Beherrschung
be|hilf|lich sein, ich war behilflich
be|hin|dern, die Behinderung, der Behinderte

die **Be|hör|de,** die Behörden
be|hut|sam
bei
beich|ten, die Beichte
bei|de, ihr beiden
bei|ei|nan|der
der **Bei|fall**
das **Beil,** die Beile
das **Bei|leid**
beim (bei dem)
das **Bein,** die Beine
bei|nah, beinahe
bei|sam|men
das **Bei|spiel,** die Beispiele, zum Beispiel, beispielsweise
bei|ßen, du beißt, er biss, er hat gebissen
der **Bei|trag,** die Beiträge
ich **be|kam,** wir bekamen (von bekommen)
be|kannt, bekanntlich, ein Bekannter, eine Bekannte
die **Be|klei|dung**
be|kom|men, sie bekam, er hat bekommen
der **Be|lag,** die Beläge
be|läs|ti|gen, die Belästigung
be|lau|schen

Berlin

Be bis **Be**

be|le|gen
be|lei|di|gen, die Beleidigung
Bel|gi|en, die Belgier, belgisch
be|lie|big
be|liebt, die Beliebtheit
bel|len
be|loh|nen, die Belohnung
be|mer|ken, die Bemerkung
(sich) **be|mü|hen,** ich bemühte (mich), die Bemühung
sich **be|neh|men,** er benahm sich, er hat sich benommen, das Benehmen
be|nei|den
der **Ben|gel,** die Bengel
be|nö|ti|gen
Bensheim (HE)
Bentheim, Bad (NI)
be|nut|zen
das **Ben|zin,** der Benzinmotor
be|ob|ach|ten, die Beobachtung
be|quem, die Bequemlichkeit,
be|ra|ten, wir berieten, wir haben beraten, die Beratung
be|rech|tigt
der **Be|reich,** die Bereiche
be|reit, die Bereitschaft
be|reits
be|reu|en
der **Berg,** die Berge, bergig
berg|ab, bergauf
ber|gen, er birgt, er barg, er hat geborgen, die Bergung
Bergheim (NRW)
Bergisch-Gladbach (NRW)
Bergkamen (NRW)
Bergneustadt (NRW)
das **Berg|werk,** die Bergwerke
der **Be|richt,** die Berichte
be|rich|ten
be|rich|ti|gen, die Berichtigung
Berleburg, Bad (NRW)
Ber|lin (Bundesland und deutsche Hauptstadt), die Berliner, berlinisch/berlinerisch
Bernau bei Berlin (BB)
Bernburg (Saale) (ST)
be|rüch|tigt sein
be|rück|sich|ti|gen, die Berücksichtigung

der **Be|ruf,** die Berufe,
beruflich,
berufstätig
(sich) **be|ru|hi|gen,**
er beruhigte (sich),
die Beruhigung
be|rühmt
be|rüh|ren
be|schä|di|gen,
die Beschädigung
be|schaf|fen,
die Beschaffenheit
be|schäf|ti|gen,
ich war beschäftigt,
die Beschäftigung
der **Be|scheid,**
die Bescheide
sich **be|schei|den,**
bescheiden sein,
die Bescheidenheit
be|schei|ni|gen,
die Bescheinigung
be|sche|ren,
die Bescherung
be|schlie|ßen,
sie beschloss,
sie hat beschlossen,
der Beschluss
be|schmie|ren
(sich) **be|schrän|ken,**
er beschränkte (sich)

be|schrei|ben,
sie beschrieb,
er hat beschrieben,
die Beschreibung
be|schul|di|gen,
die Beschuldigung
sich **be|schwe|ren,**
sie beschwerte sich,
die Beschwerde
be|sei|ti|gen,
die Beseitigung
der **Be|sen,** die Besen,
be|set|zen, es war besetzt
be|sich|ti|gen,
die Besichtigung
sich **be|sin|nen,**
er besann sich,
sie hat sich besonnen
be|sit|zen, sie besaß,
sie hat besessen,
der Besitz
be|son|de|re, besonders
be|sor|gen, die Besorgung
be|spre|chen,
wir besprachen,
wir haben besprochen,
die Besprechung
bes|ser, am allerbesten,
es wird besser gehen,
die Besserung
der **Be|stand**

A B C D E F G H I J K L M N O P Q R S T U V W X Y Z

Beverungen

be|stä|ti|gen,
die Bestätigung
be|stäu|ben,
die Bestäubung
bes|te, es ist am besten,
etwas Besseres,
ich bin der Beste,
ich tue mein Bestes,
ich halte es für das Beste,
bestenfalls
das **Be|steck,** die Bestecke
be|ste|hen, es bestand,
es hat bestanden
be|stel|len, die Bestellung
be|stim|men,
die Bestimmung
be|stimmt
be|stra|fen
der **Be|such,** die Besuche,
besuchen, der Besucher
be|täu|ben,
die Betäubung
(sich) **be|tei|li|gen,**
ich beteiligte (mich),
die Beteiligung
be|ten
be|teu|ern, die Beteuerung
der **Be|ton,** betonieren
be|to|nen, die Betonung
be|trach|ten,
die Betrachtung

in **Be|tracht kom|men**
der **Be|trag,** die Beträge
(sich) **be|tra|gen,**
er betrug (sich),
er hat (sich) betragen,
das Betragen, der Betrag
be|tref|fen, es betraf,
es hat betroffen
be|tre|ten, ich betrat,
ich habe betreten
be|treu|en, die Betreuung
der **Be|trieb,** die Betriebe
sich **be|trin|ken,**
er betrank sich,
er hat sich betrunken
be|trübt, die Betrübnis
be|trü|gen, er betrog,
er hat betrogen,
der Betrüger, der Betrug
das **Bett,** die Betten,
(sich) betten, bettlägerig
bet|teln, der Bettler
(sich) **beu|gen,** er beugte (sich),
die Beugung
die **Beu|le,** die Beulen
be|ur|tei|len,
die Beurteilung
die **Beu|te,** die Beuten
der **Beu|tel,** die Beutel
die **Be|völ|ke|rung,**
die Bevölkerungen

Bexbach

bevor
bevorzugen, die Bevorzugung
bewachen, er bewachte
sich **bewähren,** es bewährte sich, die Bewährung
(sich) **bewegen,** ich bewegte (mich), die Bewegung, beweglich
beweisen, er bewies, er hat bewiesen, der Beweis
sich **bewerben,** ich bewarb mich, ich habe mich beworben, die Bewerbung
bewilligen, die Bewilligung
die **Bewölkung,** bewölkt
bewundern
bewusst, bewusstlos, das Bewusstsein
Bexbach (SL)
bezahlen
bezeichnen, die Bezeichnung
beziehen, er bezog, sie hat bezogen, die Beziehung, der Bezug
beziehungsweise
der **Bezirk,** die Bezirke
die **Bibel,** die Bibeln
der **Biber,** die Biber
Biberach an der Riß (BW)
die **Bibliothek,** die Bibliotheken, der Bibliothekar
biegen, sie bog, er hat gebogen, die Biegung, biegsam
die **Biene,** die Bienen
das **Bier,** die Biere
das **Biest,** die Biester
bieten, sie bot, sie hat geboten
Bietigheim-Bissingen (BW)
das **Bild,** die Bilder, bildlich
bilden, die Bildung
das **Billard**
billig
die **Billion,** die Billionen
ich **bin** (von sein)
binden, sie band, er hat gebunden, die Binde, der Bindfaden
Bingen am Rhein (RP)
binnen (innerhalb)
das **Binnenland**

Blieskastel

die **Bio|gra|fie,** die Biografien
der **Bio|la|den,** die Bioläden
die **Bio|lo|gie,** der Biologe, biologisch
der **Bio|müll**
das **Bio|top,** die Biotope
die **Bir|ke,** die Birken
die **Bir|ne,** die Birnen
bis, bis heute, bisherig
der **Bi|schof,** die Bischöfe, die Bischöfin
bis|her
der **Biss** (von beißen)
ein **biss|chen**
du **bist,** ich bin (von sein)
bit|te, bitte schön
bit|ten, er bat, er hat gebeten, die Bitte
bit|ter, bitterkalt
blä|hen, die Blähung
(sich) **bla|mie|ren,** ich blamierte (mich), blamabel, die Blamage [sprich: blama~~sche~~]
blank
Blankenburg (Harz) (ST)
die **Bla|se,** die Blasen
bla|sen, du bläst, es blies, es hat geblasen
blass, die Blässe

das **Blatt,** die Blätter, blättern
blau, bläulich, das Blau des Himmels, eine Fahrt ins Blaue, blau-weiß, hellblau, blau gestreift
das **Blech,** die Bleche
das **Blei,** bleiern
blei|ben, du bleibst, er blieb, sie ist geblieben
bleich
der **Blei|stift,** die Bleistifte
blen|den, blendend
bleu [sprich: blöh]
bli|cken, der Blick
Blieskastel (SL)
blind, der Blinde, der Blinddarm, die Blindschleiche, blindlings
blin|ken, der Blinker, das Blinklicht
blin|zeln
der **Blitz,** die Blitze, blitzen, blitzschnell
der **Block,** die Blöcke
blöd, blöde
blö|ken
Blomberg (NRW)
blond
bloß

die **Blue|jeans** [sprich: bluhdschiens]
blü|hen, aber: die Blüte
die **Blu|me,** die Blumen, der Blumenstrauß
die **Blu|se,** die Blusen
das **Blut,** bluten, der Bluterguss, blutig
die **Blü|te,** die Blüten, der Blütenstaub
die **Bö**/Böe, die Böen, böiger Wind
der **Bob,** die Bobs
Bobingen (BY)
Böblingen (BW)
Bocholt (NRW)
der **Bock,** die Böcke, bockig
der **Bo|den,** die Böden
die **Bo|den|schät|ze**
der **Bo|den|see**
der **Bo|gen,** die Bogen/die Bögen
die **Boh|le,** die Bohlen
die **Boh|ne,** die Bohnen
boh|ren, der Bohrer
die **Bom|be,** die Bomben, bombardieren
die **Bom|mel,** die Bommeln, die Bommelmütze
der **Bon** [sprich: bong], die Bons (Kassenzettel)

das/der **Bon|bon,** die Bonbons
Bonn (NRW)
das **Boot,** die Boote
Boppard (RP)
der **Bord,** die Borde, er geht an Bord, der Bordstein
bor|gen
Borken (NRW)
Borna (SN)
Bornheim (NRW)
die **Bors|te,** die Borsten
die **Bö|schung,** die Böschungen
bö|se, boshaft, bösartig, das Böse, nichts Böses, Bosheit, der Bösewicht
der **Boss,** die Bosse
die **Bo|ta|nik**
der **Bo|te,** die Boten, die Botin, die Botschaft
Bottrop (NRW)
die **Box,** die Boxen
bo|xen, der Boxer
das **Brach|land,** brach liegen
er **brach|te** (von bringen)
Brackenheim (BW)
Brake (Unterweser) (NI)
Brakel (NRW)
Bramsche (NI)
der **Brand,** die Brände

Braunlage

Br bis Br

Bran|den|burg (Bundesland), die Brandenburger, brandenburgisch

Brandenburg an der Havel (BB)

die **Bran|dung,** die Brandungen

bra|ten, du brätst, er briet, er hat gebraten, die Bratwurst

der **Brauch,** die Bräuche

brau|chen, brauchbar

brau|en

braun, bräunen, bräunlich, die Bräune

Braunschweig (NI)

brau|sen

die **Braut,** die Bräute

der **Bräu|ti|gam**

brav, bravo

bre|chen, du brichst, es bricht, es brach, es ist gebrochen

der **Brei**

breit, die Breite

Bre|men (Bundesland), die Bremer, bremisch

Bremerhaven (HB)

Bremervörde (NI)

brem|sen, die Bremse

bren|nen, es brannte, es hat gebrannt, der Brand, die Brennnessel

das **Brett,** die Bretter

Bretten (BW)

die **Bre|zel,** die Brezeln

der **Brief,** die Briefe, der Briefkasten

die **Bril|le,** die Brillen

Brilon (NRW)

brin|gen, sie brachte, er hat gebracht

die **Bri|se,** die Brisen

bri|tisch

der **Bro|cken,** die Brocken, bröcklig/bröckelig

bro|deln

der **Brok|ko|li**/Broc|co|li

die **Brom|bee|re,** die Brombeeren

die **Bron|chi|tis**

die **Bron|ze**

die **Bro|sche,** die Broschen

das **Brot,** die Brote, die Brotzeit

das **Bröt|chen,** die Brötchen

der **Brow|ser** [sprich: brauser], die Browser

der **Bruch,** die Brüche, brüchig

Bruchköbel (HE)

die **Brü|cke,** die Brücken

Brühl

der **Bru|der,** die Brüder, brüderlich
die **Brü|he,** die Brühen
Brühl (NRW)
brül|len
brum|men, der Brummer
der **Brun|nen,** die Brunnen
die **Brust,** die Brüste, der Brustkorb
bru|tal, die Brutalität
brü|ten, die Brut
brut|to, das Bruttogewicht
brut|zeln
der **Bub**/Bu|be, die Buben
das **Buch,** die Bücher, die Bücherei
die **Bu|che,** die Buchen
Buchen (Odenwald) (BW)
der **Buch|fink,** die Buchfinken
Buchholz in der Nordheide (NI)
die **Büch|se,** die Büchsen
der **Buch|sta|be,** die Buchstaben, buchstabieren
die **Bucht,** die Buchten
Bückeburg (NI)
der **Bu|ckel,** die Buckel, bucklig/buckelig
sich **bü|cken,** er bückte sich
bud|deln
die **Bu|de,** die Buden
Büdingen (HE)
büf|feln
das **Buf|fet** [sprich: büffä], die Buffets
der **Bü|gel,** die Bügel
bü|geln, das Bügeleisen
Bühl (BW)
die **Büh|ne,** die Bühnen
der **Bul|le,** die Bullen, bullig
bum|meln, der Bummel
der **Bund,** die Bünde, das Bündel, das Bündnis
das **Bun|des|land,** die Bundesländer
die **Bun|des|li|ga,** die Bundesligen
die **Bun|des|re|gie|rung**
die **Bun|des|re|pu|blik**
der **Bun|des|tag**
die **Bun|des|wehr**
das **Bünd|nis,** die Bündnisse
der **Bun|ga|low** [sprich: bungaloo], die Bungalows
der **Bun|ker,** die Bunker
bunt, das Buntpapier, der Buntstift
Büren (NRW)

die **Burg,** die Burgen
der **Bur|ger** [sprich: börger], die Burger
der **Bür|ger,** die Bürger, die Bürgerin, der Bürgermeister, der Bürgersteig
Burgwedel (NI)
das **Bü|ro,** die Büros
der **Bur|sche,** die Burschen
Burscheid (NRW)
Bürstadt (HE)
bürs|ten, die Bürste
der **Bus,** die Busse
der **Busch,** die Büsche, buschig
das **Bü|schel,** die Büschel
der **Bu|sen,** die Busen
der **Bus|sard,** die Bussarde
bü|ßen, die Buße, der Büßer, das Bußgeld
die **But|ter,** das Butterbrot, die Buttermilch
der **But|ton** [sprich: battn], die Buttons
Butzbach (HE)
Buxtehude (NI)
bzw. (beziehungsweise)

C c

Das *C/c* am Anfang eines Wortes wird meist wie *k* gesprochen. Wenn nicht, steht das hier in großen oder kleinen Klammern dahinter.

das **Ca|fé,** die Cafés, die Cafeteria
Calw (BW)
das **Cam|ping** [sprich: kämping], der Campingplatz, campen
der **Ca|ra|van,** die Caravans
Castrop-Rauxel (NRW)
die **CD** [z], die CDs (Compact Disk), der CD-Player, die CD-ROM
Celle (NI)
Cel|si|us [z], 10 Grad Celsius, 10° C
der **Cent** [ß], die Cents
das **Cen|ter** [ß], die Center
Cham (BY)
der **Cham|pi|gnon** [sprich: schampinj~~ong~~], die Champignons

der **Cham|pi|on** [sprich: tschämpien], die Champions
die **Chan|ce** [sprich: sch~~an~~ß], die Chancen
das **Cha|os,** der Chaot, chaotisch
der **Cha|rak|ter,** die Charaktere [sprich: karakteere]
die **Char|ter**[sch], chartern, der Charterflug
die **Charts** [sprich: tscharts]
der **Chat** [sprich: tschät], chatten
der **Chef**[sch], die Chefs, die Chefin
die **Che|mie**[ch], chemisch
Chemnitz (SN)
Chi|na[ch], die Chinesen, chinesisch
der **Chip** [sprich: tschip], die Chips
der **Chi|rurg**[ch], die Chirurgen, die Chirurgin
das **Chlor**
der **Chor,** die Chöre
der **Christ,** die Christen
das **Christ|kind,** der Christbaum
die **Chro|nik,** die Chroniken
chro|nisch
die **Ci|ty**[ß], die Citys
cle|ver
Cloppenburg (NI)
der **Clown** [sprich: klaun], die Clowns
der **Club,** die Clubs
cm (Zeichen für Zentimeter – ohne Punkt!)
Coburg (BY)
Coesfeld (NRW)
die/das **Co|la,** die Colas
der **Co|mic,** die Comics
der **Com|pu|ter,** die Computer
der **Con|tai|ner** [sprich: kontäiner], die Container
cool [sprich: kuhl]
Coswig (SN)
Cottbus (BB)
der **Cou|sin** [sprich: kus~~eng~~], die Cousins, die Cousine
der **Cow|boy,** die Cowboys [sprich: kaubeu]
Crailsheim (BW)
die **Creme** [sprich: kreem], die Cremes
Crimmitschau (SN)
der/das **Cur|ry** [sprich: körri], die Currywurst
Cuxhaven (NI)

Dachau

D d

da, da sein, da gewesen
da|bei, dabei sein, dabeistehen, dabei gewesen
das **Dach,** die Dächer, die Dachrinne
Dachau (BY)
der **Dachs,** die Dachse
sie **dach|te** (von denken)
der **Da|ckel,** die Dackel
da|durch
da|für
da|ge|blie|ben
da|ge|gen
da|heim, daheimbleiben
da|her, dahin
da|hin|ten, dahinter
da|mals, damalig
die **Da|me,** die Damen
da|mit
däm|lich
der **Damm,** die Dämme
Damme (NI)
däm|mern, die Dämmerung, dämmrig/dämmerig
dampf|fen, der Dampf, der Dampfer
da|nach
da|ne|ben
Dä|ne|mark, die Dänen, dänisch
dan|ken, der Dank, dankbar, danke schön!
dann, dann und wann
da|ran
da|rauf, daraufhin
da|raus
da|rein
ich **darf** (von dürfen)
da|rin
das **Dar|lehn,** die Darlehn
der **Darm,** die Därme
dar|stel|len, sie stellte dar, die Darstellung
da|rü|ber
da|rum
da|run|ter
das Haus
das|je|ni|ge
dass, ich weiß, dass …
das|sel|be
die **Da|tei,** die Dateien
die **Da|ten**
der **Da|tiv,** die Dative (3. Fall)
die **Dat|tel,** die Datteln
Datteln (NRW)

das **Da|tum,** die Daten, datieren

dau|ern, die Dauer, dauerhaft, dauernd

der **Dau|men,** die Daumen

da|von, davonlaufen

da|vor

da|zu, dazugehören

da|zwi|schen

die **De|cke,** die Decken

der **De|ckel,** die Deckel, deckeln

de|cken, die Deckung

der **De|fekt,** defekt sein

die **De|fen|si|ve,** defensiv

Deggendorf (BY)

deh|nen, er dehnte, die Dehnung, dehnbar

der **Deich,** die Deiche

die **Deich|sel,** die Deichseln

dein, deine

dein

Dein Vater und
deine Mutter bringen
deinen Teddy in
deiner Tasche
deinem kranken Bruder.

dei|net|we|gen

de|ko|rie|ren, die Dekoration

Delbrück (NRW)

der **Del|fin**/Del|phin, die Delfine

Delitzsch (SN)

Delmenhorst (NI)

dem, in dem Haus

dem|nach

dem|nächst

die **De|mo|kra|tie,** die Demokratien, demokratisch

de|mons|trie|ren, die Demonstration (kurz: Demo), der Demonstrant

die **De|mut,** demütigen, demütig

den, gegen den Wind

de|nen, mit denen

den|je|ni|gen

den|ken, sie dachte, er hat gedacht

das **Denk|mal,** die Denkmäler

denn, wo denn?

den|noch

das **De|o|do|rant** (kurz: Deo)

die **De|po|nie,** die Deponien

de|pri|miert sein

der|art müde, dass ...

der|ar|tig

derb

Detmold

de|ren
der|je|ni|ge
der|sel|be
des, des Vaters Hose
des|halb
des|sel|ben
des|sen
das **Des|sert** [sprich: dessehr], die Desserts
des|to besser
des|we|gen
das **De|tail** [sprich: détaj], die Details, detailliert
der **De|tek|tiv,** die Detektive
Detmold (NRW)
deu|ten
deut|lich, die Deutlichkeit
deutsch, sie spricht deutsch, ich lerne Deutsch, ich bin Deutsche, er kann kein Deutsch
Deutsch|land, die Deutschen
der **De|zem|ber**
der **De|zi|mal|bruch**
der/das **De|zi|me|ter**
die **Di|a|gno|se,** die Diagnosen
der **Di|a|lekt,** die Dialekte
der **Di|a|mant,** die Diamanten
die **Di|ät,** die Diäten

dich, für dich
dicht, die Dichtung
dich|ten (abdichten)
dich|ten, der Dichter dichtete, die Dichtung
dick, der Dicke, der Dickdarm
das **Di|ckicht,** die Dickichte
die
der **Dieb,** die Diebe, die Diebin, der Diebstahl
Dieburg (HE)
die|je|ni|gen
die **Die|le,** die Dielen
die|nen, der Diener
der **Dienst,** die Dienste, dienstlich
der **Diens|tag,** die Dienstage, immer dienstags, am Dienstagabend
Diepholz (NI)
dies und das

dies

Am Abend **dieses** Tages war **diese** Katze mit **diesem** Hund und **dieser** Schildkröte für **diesen** einen Tag befreundet.

Dietzenbach

die|sel|be
der **Die|sel|mo|tor**
die|sig
dies|mal, dieses Mal
Dietzenbach (HE)
die **Dif|fe|renz**
di|gi|tal,
die digitale Anzeige
das **Dik|tat,** die Diktate,
diktieren
die **Dik|ta|tur,** die Diktaturen
Dillingen an der Donau (BY)
Dillingen / Saar (SL)
das **Ding,** die Dinge
Dingolfing (BY)
der **Din|kel**
Dinkelsbühl (BY)
der **Di|no|sau|ri|er,**
die Dinosaurier
das **Di|plom,** die Diplome
di|plo|ma|tisch
dir, ich glaube dir
di|rekt
der **Di|rek|tor,** die Direktoren,
die Direktorin
di|ri|gie|ren, der Dirigent
das **Dirndl|kleid**
die **Dis|ket|te,** die Disketten
die **Dis|ko|thek,**
die Diskotheken

dis|kri|mi|nie|ren,
sie wurde diskriminiert,
die Diskriminierung
dis|ku|tie|ren,
die Diskussion
das **Dis|play,** die Displays
die **Dis|tel,** die Disteln
die **Dis|zi|plin**
Ditzingen (BW)
di|vi|die|ren, die Division
Döbeln (SN)
doch, nicht doch!
der **Docht,** die Dochte
der **Dok|tor,** die Doktoren,
die Doktorin
das **Do|ku|ment,**
die Dokumente
der **Dolch,** die Dolche
doll
der **Dol|lar,** die Dollars
der **Dol|met|scher,**
die Dolmetscher
der **Dom,** die Dome
das **Do|mi|no,** die Dominos
der **Domp|teur**
[sprich: domptör]
die **Do|nau**
Donaueschingen (BW)
Donauwörth (BY)
der **Dö|ner Ke|bab**
(kurz: Döner)

Dortmund

der **Don|ner,** die Donner, donnern

der **Don|ners|tag,** die Donnerstage

doof

do|pen, das Doping

dop|pelt so viel wie …, das Doppelte

das **Dorf,** die Dörfer

Dormagen (NRW)

der **Dorn,** die Dornen

Dorsten (NRW)

dort, dorthin

die **Do|se,** die Dosen

dö|sen

der/das **Down|load** [sprich: daunloud], downloaden

Dr. (Doktor)

der **Dra|che,** die Drachen

der **Draht,** die Drähte, drahtig

das **Dra|ma,** die Dramen, dramatisch

dran, da ist nichts dran, drankommen, dran sein

der **Drang**

drän|geln, die Drängelei

drän|gen, das Gedränge

drauf und dran

drauf|fal|len, er fiel drauf, sie ist draufgefallen

drauf|ge|hen, er ging drauf, er ist draufgegangen

sich **drauf|set|zen,** er setzte sich drauf

drau|ßen

drech|seln, der Drechsler

der **Dreck,** dreckig

dre|hen, die Drehung

drei, dreißig, dreizehn, dreierlei, dreifach, dreimal

das **Drei|eck,** die Dreiecke, dreieckig

Drei|kö|ni|ge, der Dreikönigstag

das **Drei|rad,** die Dreiräder

dreist

drei Vier|tel

die **Drei|vier|tel|stun|de**

Drensteinfurt (NRW)

dre|schen, er drosch, er hat gedroschen

Dres|den (Hauptstadt von Sachsen)

dres|sie|ren, die Dressur

drib|beln, das Dribbling

Driburg, Bad (NRW)

Duderstadt

drin, drinnen
drin|gen, sie drang, sie ist gedrungen, der Drang
drin|gend
dring|lich, die Dringlichkeit
drin|nen und draußen
dritt, zu dritt, der dritte Teil, am dritten Tag, drittens, jeder Dritte, er wurde Dritter
ein **Drit|tel**
dro|ben
die **Dro|ge,** die Drogen
die **Dro|ge|rie,** die Drogerien
dro|hen, die Drohung
dröh|nen
drol|lig
der/das **Drops,** die Drops
die **Dros|sel,** die Drosseln
drü|ben
drü|ber
drü|ber|fah|ren, sie fuhr drüber
dru|cken, der Druck
drü|cken, der Drücker, der Drückeberger
drun|ter
die **Drü|se,** die Drüsen
der **Dschun|gel**

du, ich und du
der **Dü|bel,** die Dübel
sich **du|cken,** er duckte sich
Duderstadt (NI)
das **Du|ell,** die Duelle
das **Du|ett,** die Duette
der **Duft,** die Düfte, duften
dul|den, die Duldung
Dülmen (NRW)
dumm, dümmer, die Dummheit
dumpf
die **Dü|ne,** die Dünen
dün|gen, der Dünger
dun|kel, dunkelblau, die Dunkelheit
dünn
duns|tig, der Dunst
das **Duo,** die Duos
durch, der Durchblick
durch|aus
durch|bre|chen, er brach durch, er hat durchgebrochen
durch|ei|nan|der, das Durcheinander
durch|fah|ren, sie fuhr durch, sie ist durchgefahren
der **Durch|fall**
durch|ge|hend geöffnet

durch|kom|men,
sie kam durch,
sie ist durchgekommen
durch|ma|chen,
er machte durch
der **Durch|mes|ser,**
die Durchmesser
der **Durch|schnitt,**
durchschnittlich
durch|sich|tig
durch|su|chen
der **Durch|zug**
Düren (NRW)
dür|fen, sie darf,
er durfte, er hat gedurft;
er dachte, er dürfte
dürf|tig
Dürkheim, Bad (RP)
dürr, die Dürre
der **Durst,** durstig
du|schen, die Dusche
die **Dü|se,** die Düsen
Düs|sel|dorf (Hauptstadt
von NRW)
dus|ter, düster
das **Dut|zend,** die Dutzende
du|zen, der Duzfreund
die **DVD**
das **Dy|na|mit**
der **Dy|na|mo,** die Dynamos

Eberbach

E e

die **Eb|be** (Ebbe und Flut)
eben, die Ebene
eben|falls
eben|so gut
der **Eber,** die Eber
Eberbach (BW)
**Ebersbach
an der Fils** (BW)
Eberswalde (BB)
eb|nen
das **Echo,** die Echos
die **Ech|se,** die Echsen
echt, die Echtheit
die **Ecke,** die Ecken, das Eck,
eckig, der Eckball
Eckernförde (SH)
edel, der Edelstein
das **Efeu**
egal
der **Ego|is|mus,** der Egoist
ehe, ehe er kam
die **Ehe,** die Ehen
ehe|ma|lig, ehemals
eher
Ehingen (Donau) (BW)
die **Eh|re,** die Ehren, ehren,
ehrenamtlich
die **Ehr|furcht,** ehrfürchtig

Einbeck

der **Ehr|geiz,** ehrgeizig
ehr|lich,
die Ehrlichkeit
das **Ei,** die Eier
die **Ei|che,** die Eichen
die **Ei|chel,** die Eicheln
das **Eich|hörn|chen,**
die Eichhörnchen
Eichstädt (BY)
der **Eid,** die Eide
die **Ei|dech|se,**
die Eidechsen
der **Ei|fer,** eifrig
ei|fer|süch|tig
ei|gen, eigenartig
die **Ei|gen|schaft,**
die Eigenschaften
ei|gen|sin|nig,
der Eigensinn
ei|gent|lich
das **Ei|gen|tum,**
die Eigentümer
ei|gen|tüm|lich
ei|len, die Eile, eilig
Eilenburg (SN)
der **Ei|mer,** die Eimer
ein, eine, einer
ei|nan|der
die **Ein|bahn|stra|ße,**
die Einbahnstraßen
Einbeck (NI)

sich **ein|bil|den,**
er bildete sich ein,
die Einbildung
ein|bre|chen,
er brach ein,
er ist eingebrochen,
die Einbrecher
ein|deu|tig
der **Ein|druck,**
die Eindrücke
ein|ein|halb
ei|ner|seits
ein|fach
die **Ein|fahrt,**
die Einfahrten
der **Ein|fall,**
die Einfälle,
einfallen
ein|fan|gen,
sie fängt ein,
sie fing ein,
sie hat eingefangen
der **Ein|fluss,**
die Einflüsse
ein|för|mig
die **Ein|fuhr**
der **Ein|gang,**
die Eingänge
ein|ge|bil|det
ein|ge|hen, es ging ein,
es ist eingegangen

Einhausen

ein|ge|weiht

ein|hei|misch

die **Ein|heit,** die Einheiten, einheitlich

ei|nig, die Einigkeit

ei|ni|ge

sich **ei|ni|gen,** wir einigten uns, die Einigung

ei|ni|ger|ma|ßen

ein|kau|fen, sie kaufte ein

das **Ein|kom|men,** die Einkommen

ein|la|den, er lud ein, sie hat eingeladen, die Einladung

die **Ein|lei|tung,** die Einleitungen

ein|lie|fern, er lieferte ein

ein|mal, auf einmal

das **Ein|mal|eins**

der **Ein|marsch**

ein|neh|men, er nahm ein, sie hat eingenommen

die **Ein|rei|se**

ein|rich|ten, sie richtete ein, die Einrichtung

eins

ein|sam, die Einsamkeit

der **Ein|satz,** die Einsätze

ein|schal|ten, er schaltete ein

ein|schla|fen, ich schlief ein, ich bin eingeschlafen

ein|schlie|ßen, er schloss ein, er hat eingeschlossen

ein|se|hen, ich sah ein, ich habe eingesehen

ein|sper|ren, sie sperrte ein

einst

ein|stei|gen, er stieg ein, sie ist eingestiegen

ein|stim|mig

ein|tei|len, er teilte ein

die **Ein|tracht,** einträchtig

ein|tre|ten, er trat ein, sie ist eingetreten, der Eintritt

ein|ver|stan|den sein

der **Ein|wand,** die Einwände, einwandfrei

die **Ein|wan|de|rung**

der **Ein|woh|ner,** die Einwohner, die Einwohnerin

Emden

ein|zeln,
einzelne Kinder,
jeder Einzelne,
die Einzelheit,
im Einzelnen
ein|zie|hen, sie zog ein,
sie ist eingezogen,
der Einzug
ein|zig,
der einzige Tag,
das einzige Mal
das **Eis,** eislaufen, eiskalt
der **Eis|bär,** die Eisbären
das **Ei|sen,** die Eisen,
die Eisenbahn, eisern
Eisenach (TH)
Eisenhüttenstadt (BB)
das **Eis|ho|ckey**
Eisleben (ST)
Eislingen / Fils (BW)
ei|tel
der **Ei|ter,** eitern, eitrig
das **Ei|weiß**
der **Ekel,** sich ekeln,
ekelig / eklig
das **Ek|zem**
elas|tisch
die **El|be**
der **Elch,** die Elche
der **Ele|fant,** die Elefanten
ele|gant

elek|trisch, elektrisieren,
der Elektriker
die **Elek|tri|zi|tät**
das **Ele|ment,** die Elemente
das **Elend,** elend
elf
das **El|fen|bein**
der **Elf|me|ter,** die Elfmeter,
das Elfmeterschießen
die **Eli|te,** die Eliten
der **Ell|bo|gen,** die Ellbogen
die **El|lip|se,** die Ellipsen
Ellwangen (Jagst) (BW)
Elmshorn (SH)
Elsdorf (NRW)
die **Els|ter,** die Elstern
die **El|tern,** das Elternhaus
Eltville am Rhein (HE)
die **E-Mail** [sprich: i-mejl],
die E-Mails
die **Email|le** [sprich: emallje],
emailliert
die **Eman|zi|pa|ti|on,**
emanzipiert
der **Em|bryo,** die Embryos
Emmendingen (BW)
Emmerich am Rhein (NRW)
emp|fangen, er empfängt,
er empfing,
er hat empfangen,
der Empfang

Enger

emp|feh|len, sie empfahl, er hat empfohlen, die Empfehlung
emp|fin|den, sie empfand, sie hat empfunden, die Empfindung, empfindlich
em|por
sich **em|pö|ren,** sie empörte sich, die Empörung
Emsdetten (NRW)
em|sig
das **En|de,** die Enden, zu Ende
end|gül|tig
end|lich
die **Ener|gie,** die Energien
ener|gisch
eng, die Enge
(sich) **en|ga|gie|ren** [sprich: ~~an~~ga~~sch~~ieren], er engagierte (sich)
der **En|gel,** die Engel
Enger (NRW)
der **En|ger|ling,** die Engerlinge
Eng|land, die Engländer, englisch
der **En|kel,** die Enkel, die Enkelin
Ennigerloh (NRW)
enorm

ent-

entdecken, **ent**führen, **ent**gegnen, **ent**gleisen, **ent**lang, **ent**setzlich, **ent**weder usw.
Sie alle und viele mehr haben nichts mit Ende zu tun!

ent|beh|ren, er entbehrte
ent|de|cken, die Entdeckung
die **En|te,** die Enten
der **En|ter|tai|ner** [sprich: entertäiner], die Entertainer
(sich) **ent|fer|nen,** er entfernte (sich), die Entfernung
ent|füh|ren, die Entführung
ent|ge|gen, entgegenkommen
ent|geg|nen, die Entgegnung
ent|ge|hen, er entging, er ist entgangen
ent|glei|sen
ent|kom|men, er entkam, er ist entkommen

Erding

ent|lang, entlanggehen
ent|las|sen, er entließ, er hat entlassen, die Entlassung
die **Ent|las|tung,** die Entlastungen, entlasten
ent|schä|di|gen, die Entschädigung
ent|schei|den, sie entschied, es ist entschieden, die Entscheidung
sich **ent|schlie|ßen,** er entschloss sich, er hat sich entschlossen, der Entschluss
(sich) **ent|schul|di|gen,** sie entschuldigte (sich), die Entschuldigung
das **Ent|set|zen,** ich bin entsetzt
ent|spre|chen, es entspricht, es entsprach, es hat entsprochen, entsprechend
ent|ste|hen, es entstand, es ist entstanden
ent|täu|schen
ent|we|der … oder
ent|wer|fen, er entwarf, sie hat entworfen, der Entwurf
ent|wi|ckeln, die Entwicklung
ent|wi|schen
ent|zie|hen, er entzog, er hat entzogen, der Entzug
ent|zif|fern
ent|zü|ckend
ent|zün|den, die Entzündung
ent|zwei
er
sich **er|bar|men,** sie erbarmte sich, erbärmlich
er|ben, sie erbte, die Erben
er|beu|ten, er erbeutete
die **Erb|se,** die Erbsen
die **Erd|bee|re,** die Erdbeeren
die **Er|de,** das Erdbeben
das **Erd|gas**
das **Erd|ge|schoss,** die Erdgeschosse
Erding (BY)
die **Erd|kun|de**
das **Erd|öl**
der **Erd|teil,** die Erdteile

Erfurt

sich **er|eig|nen,**
es ereignete sich,
das Ereignis

er|fah|ren, sie erfuhr,
sie hat erfahren,
die Erfahrung

er|fas|sen

er|fin|den, sie erfand,
sie hat erfunden,
die Erfindung

der **Er|folg,** die Erfolge,
erfolgreich, erfolglos

er|for|der|lich, erfordern

er|freu|lich

er|frie|ren, sie erfror,
sie ist erfroren

Erftstadt (NRW)

er|fül|len, die Erfüllung

Er|furt (Hauptstadt von
Thüringen)

das **Er|geb|nis,**
die Ergebnisse

er|gie|big

er|hal|ten, sie erhielt,
sie hat erhalten,
die Erhaltung

sich **er|he|ben,** sie erhob sich,
die Erhebung

er|heb|lich

die **Er|he|bung,**
die Erhebungen

er|hö|hen,
die Erhöhung

sich **er|ho|len,**
ich erholte mich,
die Erholung

(sich) **er|in|nern,**
ich erinnerte (mich),
die Erinnerung

die **Er|käl|tung,**
die Erkältungen,
sich erkälten

er|ken|nen, sie erkannte,
sie hat erkannt,
die Erkenntnis

der **Er|ker,** die Erker

die **Er|klä|rung,**
die Erklärungen, erklären

die **Er|kran|kung,**
die Erkrankungen,
erkranken

Erkrath (NRW)

sich **er|kun|di|gen,**
ich erkundigte mich,
die Erkundigung

er|lau|ben, die Erlaubnis

er|läu|tern,
die Erläuterung

die **Er|le,** die Erlen

er|le|ben, das Erlebnis

er|le|di|gen,
die Erledigung

Ermsleben

er|leich|tert sein,
ich war erleichtert,
die Erleichterung
er|ler|nen
er|lö|sen, die Erlösung
er|mah|nen,
die Ermahnung
er|mä|ßi|gen,
die Ermäßigung
er|mit|teln, die Ermittlung
(sich) **er|näh|ren,**
ich ernährte mich,
die Ernährung
er|neu|er|bar,
die erneuerbare Energie
er|neut
ernst, es ist mir ernst,
es ist ernst gemeint,
jetzt mache ich Ernst,
das ist mein Ernst
die **Ern|te,** die Ernten, ernten
er|obern, die Eroberung
der **Er|pel,** die Erpel
er|re|gen, der Erreger,
die Erregung
er|rei|chen
er|rin|gen, sie errang,
sie hat errungen
der **Er|satz,** das Ersatzteil
er|schei|nen, sie erschien,
sie ist erschienen

er|schie|ßen, sie erschoss,
er hat erschossen
er|schöpft sein
er|schre|cken,
sie erschrickt, er erschrak;
er ist erschrocken, denn
er wurde erschreckt
er|schüt|tern,
es ist erschütternd
er|set|zen, der Ersatz
er|spa|ren, die Ersparnis
erst, erstens, erstmals,
erstklassig, zum ersten
Mal, erst mal abwarten,
als Erste kommen
er|stau|nen, es erstaunte,
das Erstaunen
er|tap|pen
der **Er|trag,** die Erträge
er|tra|gen, sie ertrug,
sie hat ertragen
er|trin|ken, sie ertrank,
sie ist ertrunken
er|wach|sen sein,
der Erwachsene
er|wäh|nen,
die Erwähnung
er|war|ten, die Erwartung
er|wer|ben, er erwarb,
sie hat erworben,
der Erwerb

Essen

er|wi|dern, die Erwiderung
er|wi|schen
das **Erz,** die Erze
er|zäh|len, die Erzählung
er|zeu|gen, das Erzeugnis
er|zie|hen, sie erzog, sie hat erzogen, die Erziehung
es
Eschborn (HE)
die **Esche,** die Eschen
Eschwege (HE)
Eschweiler (NRW)
der **Esel,** die Esel
der **Es|ki|mo,** die Eskimos
Espelkamp (NRW)
es|sen, du isst, sie aß, er hat gegessen, iss!
das **Es|sen**
der **Es|sig**
Esslingen am Neckar (BW)
die **Eta|ge** [sprich:eta~~sche~~], die Etagen
die **Etap|pe,** die Etappen
das **Eti|kett,** die Etiketten
et|li|che
Ettlingen (BW)
das **Etui,** die Etuis
et|wa
et|was, etwas Gutes

euch, euer, eure
die **Eu|le,** die Eulen
eu|ret|we|gen, um euretwillen
der **Eu|ro,** die Euros
Eu|ro|pa, die Europäer, europäisch
die **Eu|ro|pä|ische Uni|on** (EU)
Euskirchen (NRW)
das **Eu|ter,** die Euter
eva|ku|ie|ren
evan|ge|lisch
even|tu|ell
ewig, immer und ewig, die Ewigkeit
ex|akt
das **Exa|men,** die Examen
das **Exem|plar,** die Exemplare
exis|tie|ren, die Existenz
exo|tisch
die **Ex|pe|di|ti|on,** die Expeditionen
das **Ex|pe|ri|ment,** die Experimente
der **Ex|per|te,** die Experten
ex|plo|die|ren, die Explosion, explosiv
der **Ex|port,** die Exporte
ex|tra
ex|trem

Falkensee

Fa bis **Fa**

F f

die **Fabel,** die Fabeln
die **Fabrik,** die Fabriken, der Fabrikant
fabrizieren, die Fabrikation
das **Fach,** die Fächer, fachlich
der **Fächer,** die Fächer, fächeln
die **Fackel,** die Fackeln
fade/fad
der **Faden,** die Fäden
fähig, die Fähigkeit
fahnden, die Fahndung
die **Fahne,** die Fahnen
fahren, sie fährt, er fuhr, sie ist gefahren, die Fähre, die Fahrt, der Fahrer, die Fahrkarte
fahrlässig
das **Fahrrad,** die Fahrräder, Fahrrad fahren
das **Fahrzeug,** die Fahrzeuge
fair, die Fairness
die **Fäkalien**
der **Fakt,** die Fakten, faktisch
der **Falke,** die Falken
Falkensee (BB)
der **Fall,** die Fälle, auf jeden Fall
die **Falle,** die Fallen
fallen, er fällt, er fiel, er ist gefallen, der Fall, der Fallschirm
fällen, einen Baum fällen, er fällte ein Urteil
fällig
falls, falls möglich
es **fällt** (von fallen)
falsch, am falschesten
fälschen, die Fälschung
die **Falte,** die Falten, faltig
falten
der **Falter,** die Falter
die **Familie,** die Familien
der **Fan** [sprich: fän], die Fans
fanatisch, der Fanatiker
er **fand** (von finden)
die **Fanfare,** die Fanfaren
fangen, sie fängt, er fing, er hat gefangen, der Fang, der Fänger
die **Fantasie,** die Fantasien, fantastisch
die **Farbe,** die Farben, farbig, farbenblind, der Farbige
die **Farm,** die Farmen
der **Farn,** die Farne
der **Fasan,** die Fasane

Fehmarn

der **Fa|sching**
fa|seln
die **Fa|ser,** die Fasern
das **Fass,** die Fässer
die **Fas|sa|de,** die Fassaden
fas|sen, die Fassung
fast (beinahe)
fas|ten, die Fastenzeit
das **Fast|food**
[sprich: faaßtfud]
die **Fast|nacht**
fau|chen
faul, die Fäulnis
faul, faulenzen,
die Faulheit
die **Fau|na**
die **Faust,** die Fäuste
der **Fa|vo|rit,**
die Favoriten
das **Fax|ge|rät** (kurz: Fax),
die Faxgeräte, faxen
das **Fa|zit,** ein Fazit ziehen
der **Fe|bru|ar**
die **Fe|der,** die Federn,
federn, federleicht
die **Fee,** die Feen
fe|gen
feh|len
der **Feh|ler,** die Fehler,
fehlerlos
fei|ern, feierlich, die Feier

fei|ge, der Feigling,
die Feigheit
die **Fei|ge,** die Feigen
die **Fei|le,** die Feilen, feilen
fein, die Feinheit
der **Feind,** die Feinde,
die Feindschaft, feindlich
das **Feld,** die Felder
die **Fel|ge,** die Felgen
das **Fell,** die Felle
der **Fels**/Fel|sen,
die Felsen, felsig
das **Fens|ter,** die Fenster
die **Fe|ri|en**
das **Fer|kel,** die Ferkel
fern, in der Ferne
fer|ner
das **Fern|se|hen,** der Fernseher,
der Fernsehapparat,
fernsehen
die **Fer|se,** die Fersen
fer|tig, fertig sein,
fertig machen
die **Fes|sel,** die Fesseln,
fesseln
fest (festgemacht),
festbinden, festhalten
das **Fest,** die Feste, festlich
fest|stel|len,
er stellte fest,
die Feststellung

Filderstadt

die **Fes|tung,** die Festungen
das **Fett,** die Fette
fett, dick und fett, fettig
der **Fet|zen,** die Fetzen
feucht, die Feuchtigkeit
das **Feu|er,** die Feuer, die Feuerwehr, feuern
die **Fi|bel,** die Fibeln
die **Fich|te,** die Fichten
das **Fie|ber**
er **fiel** (von fallen)
die **Fi|gur,** die Figuren
der **Film,** die Filme, filmen, der Filmstar
der **Fil|ter,** die Filter, filtern
der **Filz,** die Filze
das **Fi|na|le,** die Finales/Finals
die **Fi|nan|zen,** finanzieren, finanziell
fin|den, er fand, er hat gefunden, der Fund
der **Find|ling,** die Findlinge
es **fing an** (von anfangen)
der **Fin|ger,** die Finger, der Fingernagel
der **Fink,** die Finken
fins|ter, die Finsternis
Finsterwalde (BB)
die **Fir|ma,** die Firmen

das **Fir|ma|ment**
die **Fir|mung,** firmen
der **First,** die Firste
der **Fisch,** die Fische, fischen
fit, die Fitness
fix, fix und fertig, der Fixstern
flach, die Fläche
der **Flachs**
fla|ckern
der **Fla|den,** die Fladen
die **Flag|ge,** die Flaggen
die **Flam|me,** die Flammen
die **Flan|ke,** die Flanken, flanken
die **Fla|sche,** die Flaschen
flat|tern
flau
flech|ten, er flicht, sie flocht, er hat geflochten
der **Fleck,** die Flecken, fleckig
die **Fle|der|maus,** die Fledermäuse
der **Fle|gel,** die Flegel
fle|hen
das **Fleisch,** der Fleischer
der **Fleiß,** fleißig
flet|schen
fle|xi|bel
fli|cken, der Flicken
der **Flie|der**

A B C D E **F** G H I J K L M N O P Q R S T U V W X Y Z

Forst (Lausitz)

A B C D E **F** G H I J K L M N O P Q R S T U V W X Y Z

die **Flie|ge,** die Fliegen
flie|gen, er fliegt, er flog, sie ist geflogen, der Flieger
flie|hen, er floh, er ist geflohen, die Flucht
die **Flie|se,** die Fliesen
flie|ßen, es floss, es ist geflossen
flim|mern
flink
die **Flin|te,** die Flinten
flit|zen, der Flitzer
die **Flo|cke,** die Flocken, flockig
der **Floh,** die Flöhe
der **Flop** (Misserfolg)
die **Flo|ra**
Flörsheim am Main (HE)
das **Floß,** die Flöße, flößen
die **Flos|se,** die Flossen
flö|ten, die Flöte
flott
die **Flot|te,** die Flotten
flu|chen, der Fluch
die **Flucht,** der Flüchtling
flüch|ten, der Flüchtling
flüch|tig, die Flüchtigkeit
der **Flug,** die Flüge, das Flugzeug
der **Flü|gel,** die Flügel
flüg|ge (flugbereit)
die **Flun|der,** die Flundern
flun|kern
der **Flur,** die Flure (Hausflur)
der **Fluss,** die Flüsse
flüs|sig, die Flüssigkeit
flüs|tern, ich flüstre/flüstere
die **Flut,** die Fluten, fluten
das **Foh|len,** die Fohlen
der **Föhn,** föhnen
fol|gen, die Folge
die **Fo|lie,** die Folien
fol|tern, die Folter
die **Fon|tä|ne,** die Fontänen
Forchheim (BY)
for|dern, die Forderung
för|dern, die Förderung
die **Fo|rel|le,** die Forellen
die **Form,** die Formen, former
for|ma|tie|ren
das **For|mu|lar,** die Formulare
for|schen, die Forschung
der **Forst,** der Förster
Forst (Lausitz) (BB)
fort
fort|fah|ren, er fuhr fort, sie ist fortgefahren
fort|ge|hen, er ging fort, er ist fortgegangen

Frankfurt am Main

fort|lau|fen, er lief fort,
er ist fortgelaufen

die **Fort|pflan|zung**

der **Fort|schritt,**
die Fortschritte,
fortschrittlich

fort|set|zen,
sie setzte fort,
die Fortsetzung

fort|wäh|rend

das **Fos|sil,** die Fossilien

das **Fo|to,** die Fotos

das **Foul,** die Fouls, der
Spieler hat foul gespielt

die **Fracht,** die Frachten,
der Frachter

fra|gen, die Frage

die **Frak|tur,** die Frakturen

die **Fran|ken,**
das Frankenland,
fränkisch

Frankenberg / Eder (HE)

Frankenberg / Sachsen (SN)

Frankenthal (Pfalz) (RP)

Frankfurt (Oder) (BB)

fran|kie|ren

Frank|reich,
die Franzosen,
französisch

die **Frä|se,** die Fräsen, fräsen

die **Frat|ze,** die Fratzen

die **Frau,** die Frauen

frech, die Frechheit,
der Frechdachs

Frechen (NRW)

frei, die Freiheit,
Spiel im Freien

Freiberg (SN)

Freiberg am Neckar (BW)

Freiburg im Breisgau (BW)

Freilassing (BY)

frei|lich

Freising (BY)

der **Frei|tag,** die Freitage

Freital (SN)

frei|wil|lig

die **Frei|zeit,** die Freizeiten

fremd, die Fremde,
der Fremde

fres|sen, er frisst, sie fraß,
er hat gefressen, friss!

Freudenberg (NRW)

Freudenstadt (BW)

sich **freu|en,** es freute ihn,
die Freude, freudig

der **Freund,** die Freunde,
die Freundin,
die Freundschaft

freun|dlich

Fulda

Friedberg (BY)
Friedberg (HE)
der **Frie|den**/Frie|de, friedlich
Friedrichsdorf (HE)
Friedrichshafen (BW)
Friedrichshall, Bad (BW)
frie|ren, sie fror, er hat gefroren
der **Frie|se,** die Friesen, Friesland, friesisch
Friesoythe (NI)
die **Fri|ka|del|le,** die Frikadellen
frisch, die Frische
fri|sie|ren
der **Fri|sör**/Fri|seur, die Frisöre, die Frisörin
sie **frisst** (von fressen)
die **Frist,** die Fristen, fristlos
die **Fri|sur,** die Frisuren
froh, fröhlich, die Fröhlichkeit
fromm, die Frömmigkeit
Fröndenberg/Ruhr (NRW)
der **Fron|leich|nam**
die **Front,** die Fronten, frontal
der **Frosch,** die Frösche
der **Frost,** die Fröste, frostig
frös|teln

frot|tie|ren
die **Frucht,** die Früchte, fruchtbar
früh, heute früh, in der Frühe, frühestens, frühmorgens, frühzeitig
frü|her, unser früherer Lehrer
der **Früh|ling,** das Frühjahr
früh|stü|cken, das Frühstück
frus|triert, der Frust
der **Fuchs,** die Füchse
fuch|teln
die **Fu|ge,** die Fugen
(sich) **fü|gen,** er fügte (sich)
füh|len, das Gefühl, der Fühler
sie **fuhr** (von fahren)
füh|ren, der Führer, die Führung, das Fuhrwerk
fül|len, die Füllung, die Fülle, der Füller
fum|meln, die Fummelei
der **Fund,** die Funde
das **Fun|da|ment,** die Fundamente
fünf, fünfmal, fünfzig
der **Funk,** funken
der **Fun|ke,** die Funken

Gaimersheim

fun|keln
funk|ti|o|nie|ren
für, füreinander
die **Fur|che,** die Furchen
die **Furcht,** fürchten
furcht|bar
fürch|ter|lich
für|ei|nan|der
die **Für|sor|ge,** fürsorglich
der **Fürst,** die Fürsten, fürstlich
Fürstenfeldbruck (BY)
Fürstenwalde/ Spree (BB)
die **Furt,** die Furten
Fürth (BY)
der/das **Fu|run|kel,** die Furunkel
das **Für|wort,** die Fürwörter (Pronomen)
der **Fuß,** die Füße, der Fußgänger, der Fußball, zu Fuß
der **Fuß|ball,** der Fußballplatz
Füssen (BY)
futsch
das **Fut|ter,** futtern, füttern

G g

sie **gab** (von geben)
die **Ga|be,** die Gaben
die **Ga|bel,** die Gabeln, der Gabelstapler
ga|ckern
gaf|fen, der Gaffer
die **Ga|ge** [sprich: ga~~sche~~], die Gagen
Gaggenau (BW)
gäh|nen
die **Gal|le,** die Gallen
der **Ga|lopp,** galoppieren
gam|me|lig, gammeln
die **Gäm|se,** die Gämsen
Gandersheim, Bad (NI)
der **Gang,** die Gänge
gän|geln
der **Gangs|ter** [sprich: gängster], die Gangster
die **Gans,** die Gänse
ganz, ganz und gar, die ganze Zeit, am ganzen Tag, gänzlich, ganztägig, das Ganze, im großen Ganzen
gar gekocht
gar, gar kein, gar nicht

Garbsen

die **Ga|ra|ge** [sprich: gara~~sche~~], die Garagen
die **Ga|ran|tie,** die Garantien, garantieren
die **Gar|be,** die Garben
Garbsen (NI)
Garching bei München (BY)
Gardelegen (ST)
die **Gar|de|ro|be,** die Garderoben
die **Gar|di|ne,** die Gardinen
gä|ren, es gärte, es ist gegoren, die Gärung
das **Garn,** die Garne
die **Gar|ni|tur,** die Garnituren
gars|tig
der **Gar|ten,** die Gärten, der Gärtner, die Gärtnerei
das **Gas,** die Gase
die **Gas|se,** die Gassen
der **Gast,** die Gäste,
die **Gast|stät|te,** gastlich
der **Gat|te,** die Gatten, die Gattin
das **Gat|ter,** die Gatter
die **Gat|tung,** die Gattungen
die **Gau|di**
der **Gaul,** die Gäule
der **Gau|men,** die Gaumen
der **Gau|ner,** die Gauner
das **Ge|bäck**
die **Ge|bär|de,** die Gebärden
ge|bä|ren, sie gebar, sie hat geboren, die Geburt
das **Ge|bäu|de,** die Gebäude
ge|ben, sie gibt, sie gab, sie hat gegeben, gib!
das **Ge|bet,** die Gebete
das **Ge|biet,** die Gebiete
das **Ge|bil|de,** die Gebilde
ge|bil|det sein
das **Ge|bir|ge,** die Gebirge, gebirgig
das **Ge|biss,** die Gebisse
ge|bis|sen (von beißen)
ge|blie|ben (von bleiben)
ge|bo|ren (von gebären)
das **Ge|bot,** die Gebote
ge|bracht (von bringen)
ge|brau|chen, der Gebrauch, die Gebrauchsanweisung
ge|brech|lich, das Gebrechen
die **Ge|bühr,** die Gebühren

die **Ge|burt,** die Geburten, der Geburtstag, der Geburtsort
das **Ge|büsch,** die Gebüsche
ge|dacht (von denken)
das **Ge|dächt|nis,** die Gedächtnisse
der **Ge|dan|ke,** die Gedanken, gedankenlos
das **Ge|deck,** die Gedecke
ge|dei|hen, es gedieh, ist gediehen
das **Ge|dicht,** die Gedichte
das **Ge|drän|ge**
die **Ge|duld,** geduldig
ge|eig|net
ge|fähr|lich, die Gefahr
der **Ge|fähr|te,** die Gefährten, das Gefährt
das **Ge|fäl|le,** die Gefälle
ge|fal|len, es gefiel, es hat gefallen
ge|fäl|lig, die Gefälligkeit
ge|fäl|ligst, lass das gefälligst!
das **Ge|fäng|nis,** die Gefängnisse, der/die Gefangene

das **Ge|fäß,** die Gefäße
das **Ge|fie|der,** die Gefieder, gefiedert
ge|flo|gen (von fliegen)
das **Ge|flü|gel**
ge|frä|ßig
das **Ge|fühl,** die Gefühle, fühlen, gefühllos
ge|fun|den (von finden)
ge|gan|gen (von gehen)
ge|gen
die **Ge|gend,** die Gegenden
ge|gen|ei|nan|der
der **Ge|gen|satz,** die Gegensätze, gegensätzlich
ge|gen|sei|tig
der **Ge|gen|stand,** die Gegenstände
das **Ge|gen|teil,** die Gegenteile, gegenteilig
ge|gen|über
die **Ge|gen|wart,** gegenwärtig
der **Geg|ner,** die Gegner, gegnerisch
das **Ge|halt,** die Gehälter (verdientes Geld)
der **Ge|halt,** die Gehalte, gehaltvoll

Gelsenkirchen

Ge bis Ge

ge|häs|sig, die Gehässigkeit
das **Ge|häu|se,** die Gehäuse
das **Ge|he|ge,** die Gehege
ge|heim, das Geheimnis, geheimnisvoll
ge|hen, er ging, er ist gegangen, der Gang
ge|heu|er
der **Ge|hil|fe,** die Gehilfen
das **Ge|hirn,** die Gehirne, die Gehirnerschütterung
ge|hol|fen (von helfen)
das **Ge|hör,** gehörlos
ge|hor|chen
ge|hö|ren
ge|hö|rig
der **Ge|hor|sam**
er **geht** (von gehen)
der **Gei|er,** die Geier
die **Gei|ge,** die Geigen
geil
die **Gei|sel,** die Geiseln
Geislingen an der Steige (BW)
die **Geiß,** die Geißen
der **Geist,** die Geister, geistern, geistig
gei|zig, der Geiz, der Geizhals
ge|kriegt (von kriegen)
das **Ge|län|de**
das **Ge|län|der,** die Geländer
ge|lan|gen
gelb, gelbe Blumen
das **Geld,** die Gelder
Geldern (NRW)
der/das **Ge|lee** [sprich: ~~sch~~elee], die Gelees
die **Ge|le|gen|heit,** die Gelegenheiten, gelegentlich
ge|lehrt, der/die Gelehrte, gelehrig
ge|lei|ten, das Geleit
das **Ge|lenk,** die Gelenke, gelenkig
ge|lin|gen, es gelang, es ist gelungen, gutes Gelingen!
Gelnhausen (HE)
ge|lo|ben, das Gelöbnis
gelt? (nicht wahr?)
gel|ten, es gilt, es galt, es hat gegolten, die Geltung
ge|mach, ge|mäch|lich
das **Ge|mach,** die Gemächer
der **Ge|mahl,** die Gemahlin
das **Ge|mäl|de,** die Gemälde

Gera

ge|mäß,
programmgemäß
ge|mä|ßigt
ge|mein, die Gemeinheit
die **Ge|mein|de,**
die Gemeinden
ge|mein|sam
die **Ge|mein|schaft,**
die Gemeinschaften
das **Ge|mü|se,** die Gemüse
das **Ge|müt,** die Gemüter
ge|müt|lich,
die Gemütlichkeit
das **Gen,** die Gene
ge|nau, die Genauigkeit,
genau genommen
ge|nau|so, genauso groß
ge|neh|mi|gen,
die Genehmigung
der **Ge|ne|ral,** die Generäle
die **Ge|ne|ra|ti|on,**
die Generationen
ge|ne|sen, er genas,
sie ist genesen,
die Genesung
ge|ni|al, die Genialität
das **Ge|nick,** die Genicke
das **Ge|nie** [sprich: ~~sch~~enie],
die Genies
ge|nie|ßen, er genoss,
er hat genossen

der **Ge|ni|tiv,** die Genitive
(2. Fall)
ge|nom|men
(von nehmen)
der **Ge|nos|se,** die Genossen,
die Genossenschaft
ge|nö|tigt (von nötigen)
Genthin (ST)
ge|nug
ge|nü|gen, genügend,
genügsam, zur Genüge
die **Ge|nug|tu|ung**
der **Ge|nuss,** die Genüsse,
genüsslich
die **Geo|gra|fie**/Geo|gra|phie
die **Geo|me|trie**
Georgsmarienhütte (NI)
das **Ge|päck**
ge|ra|de, geradeaus,
geradezu
ge|rannt (von rennen)
das **Ge|rät,** die Geräte
ge|ra|ten, es geriet,
es ist geraten
ge|räu|mig
das **Ge|räusch,** die
Geräusche, geräuschlos
ge|recht,
die Gerechtigkeit
Geretsried (BY)
das **Ge|richt,** die Gerichte

Gerolstein

Ge bis **Ge**

ge|ring
ge|rin|nen, es gerann, es ist geronnen
das **Ge|rip|pe,** die Gerippe
ge|ris|sen (von reißen)
Gerlingen (BW)
der **Ger|ma|ne,** die Germanen, germanisch
Germering (BY)
Germersheim (RP)
gern, gerne
das **Ge|röll**
die **Gers|te**
Gersthofen (BY)
der **Ge|ruch,** die Gerüche, geruchlos
das **Ge|rücht,** die Gerüchte
das **Ge|rüm|pel**
das **Ge|rüst,** die Gerüste
ge|sagt (von sagen)
ge|samt, die Gesamtheit
ge|sandt (von senden)
der **Ge|sang,** die Gesänge
das **Ge|säß,** die Gesäße
das **Ge|schäft,** die Geschäfte, geschäftlich
ge|sche|hen, es geschieht, es geschah, es ist geschehen, das Geschehen
ge|scheit, gescheit werden
das **Ge|schenk,** die Geschenke
Gescher (NRW)
die **Ge|schich|te,** die Geschichten
ge|schickt, die Geschicklichkeit
das **Ge|schirr,** die Geschirre
das **Ge|schlecht,** die Geschlechter
der **Ge|schmack,** die Geschmäcke, geschmacklich
ge|schmei|dig
das **Ge|schöpf,** die Geschöpfe
ge|schrie|ben (von schreiben)
ge|schrien (von schreien)
das **Ge|schütz,** die Geschütze
ge|schwind, die Geschwindigkeit

Geseke

Ge bis Ge

die **Ge|schwis|ter**
das **Ge|schwür,** die Geschwüre
der **Ge|sel|le,** die Gesellen
die **Ge|sell|schaft,** die Gesellschaften
ge|ses|sen (von sitzen)
das **Ge|setz,** die Gesetze
ge|setzt (von setzen)
das **Ge|sicht,** die Gesichter
das **Ge|sin|del**
die **Ge|sin|nung**
das **Ge|spenst,** die Gespenster, gespenstisch
das **Ge|spräch,** die Gespräche, gesprächig
ge|spren|kelt
ge|spro|chen (von sprechen)
ge|stal|ten, die Gestalt
das **Ge|ständ|nis,** die Geständnisse
der **Ge|stank**
ge|stat|ten
die **Ges|te,** die Gesten, die Gestik
ge|ste|hen, sie gestand, er hat gestanden
das **Ge|stell,** die Gestelle

ge|stellt (von stellen)
ges|tern
ge|stie|gen (von steigen)
ges|ti|ku|lie|ren
ge|stor|ben (von sterben)
das **Ge|strüpp**
ge|sund, gesunde Zähne, die Gesundheit
ge|tan (von tun)
das **Ge|tränk,** die Getränke
das **Ge|trei|de,** die Getreide
das **Ge|trie|be,** die Getriebe
das **Ge|wächs,** die Gewächse
ge|wäh|ren
die **Ge|walt,** die Gewalten, gewaltsam
ge|wal|tig
das **Ge|wand,** die Gewänder
ge|wandt sein, die Gewandtheit
das **Ge|wäs|ser,** die Gewässer
das **Ge|wehr,** die Gewehre
das **Ge|weih,** die Geweihe
das **Ge|wer|be,** die Gewerbe
die **Ge|werk|schaft,** die Gewerkschaften
ge|we|sen (von sein)
das **Ge|wicht,** die Gewichte
ge|wich|tig
das **Ge|wim|mel**

Gießen

das **Ge|win|de,** die Gewinde
ge|win|nen, sie gewann, er hat gewonnen, der Gewinn
das **Ge|wirr**
ge|wiss, gewisse Sachen, die Gewissheit
das **Ge|wis|sen,** die Gewissen, gewissenhaft, die Gewissensbisse
ge|wis|ser|ma|ßen
das **Ge|wit|ter,** die Gewitter, gewittrig / gewitterig
sich **ge|wöh|nen,** er gewöhnte sich, die Gewohnheit, gewöhnlich
ge|wohnt
das **Ge|wöl|be,** die Gewölbe, gewölbt
ge|wor|den (von werden)
das **Ge|würz,** die Gewürze
die **Ge|zei|ten**
gib! (von geben)
sie **gibt** (von geben), das gibt's nicht
der **Gie|bel,** die Giebel
Giengen an der Brenz (BW)
die **Gier,** gierig

gie|ßen, er goss, er hat gegossen, der Guss
Gifhorn (NI)
das **Gift,** die Gifte, giftig
es **gilt** (von gelten)
ich **ging** (von gehen)
der **Gins|ter,** die Ginster
der **Gip|fel,** die Gipfel
der **Gips,** gipsen
die **Gi|raf|fe,** die Giraffen
die **Gir|lan|de,** die Girlanden
die **Gischt**
die **Gi|tar|re,** die Gitarren
das **Git|ter,** die Gitter
Gladbeck (NRW)
glän|zen, der Glanz
das **Glas,** die Gläser, glasig, glasklar, die Glasur
glatt, die Glätte, glätten
die **Glat|ze,** die Glatzen
glau|ben, der Glaube, gläubig
Glauchau (SN)
gleich, das Gleiche, das Gleichgewicht, gleichfalls, gleichgültig, gleichmäßig, gleichzeitig, gleichsam, gleichberechtigt

Göttingen

das **Gleis,** die Gleise
glei|ten, sie glitt, sie ist geglitten
der **Glet|scher,** die Gletscher
das **Glied,** die Glieder
glie|dern, das Glied, die Gliederung
glimpf|lich davonkommen
Glinde (SH)
glit|schig
glit|zern
der **Glo|bus,** die Globen / die Globusse
die **Glo|cke,** die Glocken
glot|zen, die Glotze
das **Glück,** glücken, glücklich
glu|ckern
glü|hen
die **Glut,** die Gluten
die **Gna|de,** die Gnaden, gnädig, gnadenlos
Goch (NRW)
das **Gold,** golden, goldig, der Goldfisch
der **Gold|hams|ter,** die Goldhamster
das **Golf,** Golf spielen
der **Gong,** die Gongs
gön|nen

Göppingen (BW)
der **Go|ril|la,** die Gorillas
Görlitz (SN)
Goslar (NI)
Gotha (TH)
der **Gott,** die Götter, die Göttin, der Gottesdienst, Gott sei Dank!
Göttingen (NI)
gra|ben, er grub, er hat gegraben, das Grab
der **Gra|ben,** die Gräben
der **Grad,** die Grade, 30 Grad (30°)
der **Graf,** die Grafen, die Gräfin, gräflich
der **Gram,** ich grämte mich
das **Gramm,** fünf Gramm
die **Gram|ma|tik,** grammatisch
die **Gra|na|te,** die Granaten
der **Gra|nit,** die Granite
die **Gran|ne,** die Grannen
das **Gras,** die Gräser, grasen
gras|sie|ren, die Grippe grassiert
gräss|lich
der **Grat** des Berges
die **Grä|te,** die Gräten

A B C D E F G H I J K L M N O P Q R S T U V W X Y Z

Grevenboich

gra|tis
grät|schen, die Grätsche
gra|tu|lie|ren, die Gratulation
grau, graublau
grau|en, das Grauen, grauenhaft
die **Grau|pel,** die Graupeln
grau|sam, die Grausamkeit
grau|sen, mir grauste davor
grau|sig
grei|fen, sie griff, er hat gegriffen, der Griff
Greifswald (MV)
der **Greif|vo|gel,** die Greifvögel
der **Greis,** die Greise, die Greisin
Greiz (TH)
grell
die **Gren|ze,** die Grenzen
Greven (NRW)
Grie|chen|land, die Griechen, griechisch
Griesheim (HE)
der **Grieß,** der Grießpudding
der **Griff,** die Griffe, griffig
der **Grill,** die Grills, grillen
die **Gril|le,** die Grillen
die **Gri|mas|se,** die Grimassen
Grimma (SN)
grim|mig, der Grimm
grin|sen
die **Grip|pe,** die Grippen
grob, gröber, am gröbsten, der Grobian
gröl|len
der **Groll,** grollen
Gronau/Westf. (NRW)
groß, größer, am größten, die Größe, etwas Großes, die Großen gegen die Kleinen, großartig, großzügig, großenteils
Groß|bri|tan|ni|en
die **Groß|el|tern**
Großenhain (SN)
Groß-Gerau (HE)
Groß-Umstadt (HE)
die **Grot|te,** die Grotten
die **Gru|be,** die Gruben
grü|beln
die **Gruft,** die Gruften
grün, grünen, es grünt, die Ampel zeigt Grün, die Grünen (politische Partei)

Guben

der **Grund,** die Gründe
grün|den, die Gründung
das **Grund|ge|setz**
die **Grund|la|ge,** die Grundlagen
gründ|lich
der **Grün|don|ners|tag**
der **Grund|riss,** die Grundrisse
der **Grund|satz,** die Grundsätze, grundsätzlich
die **Grund|schu|le,** die Grundschulen
das **Grund|stück,** die Grundstücke
das **Grund|was|ser**
die **Grü|nen** (politische Partei)
grun|zen
die **Grup|pe,** die Gruppen
sich **gru|seln,** er gruselte sich, gruselig/gruslig
grü|ßen, der Gruß
die **Grüt|ze,** die Grützen
Guben (BB)
gu|cken
der/das **Gu|lasch**
der **Gul|den,** die Gulden
die **Gül|le**
der **Gul|ly,** die Gullys
gül|tig, die Gültigkeit
der/das **Gum|mi,** die Gummis, der Gummitwist
güns|tig, die Gunst
Günzburg (BY)
Gunzenhausen (BY)
die **Gur|gel,** die Gurgeln, gurgeln
die **Gur|ke,** die Gurken
gur|ren
der **Gurt,** die Gurte
der **Gür|tel,** die Gürtel
Güstrow (MV)
gut, besser, am besten, etwas Gutes, ich sage es dir im Guten, ich bin gut drauf, gut gemeint, Schaden wiedergutmachen, alles Gute, die Güte
das **Gut,** die Güter
Gütersloh (NRW)
das **Gym|na|si|um,** die Gymnasien
die **Gym|nas|tik**

Hamburg

H h

Haan (NRW)
das **Haar,** die Haare, das Härchen, die Haarklammer, haarig, haarscharf, haargenau
die **Habe,** das Hab und Gut
haben, ich habe, du hast, sie hat, ihr habt, sie hat gehabt, sie hatte
der **Habicht,** die Habichte
die **Hacke,** die Hacken, hacken
der **Hafen,** die Häfen
der **Hafer**
die **Haft,** der Häftling
haften, die Haftung
die **Hagebutte,** die Hagebutten
der **Hagel,** hageln
Hagen (NRW)
hager
der **Häher,** die Häher
der **Hahn,** die Hähne
der **Hai,** die Haie
Haiger (HE)
häkeln
der **Haken,** die Haken
halb, halbieren, die Halbzeit, halbtags
Halberstadt (ST)
die **Halde,** die Halden
Haldensleben (ST)
die **Hälfte,** die Hälften
die **Halle,** die Hallen
Halle (Saale) (ST)
Halle (Westf.) (NRW)
hallen, der Hall
hallo
das **Halloween** [sprich: hällouwien]
der **Halm,** die Halme
der **Hals,** die Hälse
der **Halt,** die Haltestelle, das Halteverbot, die Haltung, Halt rufen, keinen Halt finden
haltbar
halten, sie hält, er hielt, hat gehalten
Haltern am See (NRW)
die **Haltung**
Halver (NRW)
Hamburg (Bundesland und Millionenstadt), die Hamburger, hamburgisch
der **Hammel,** die Hammel

Hannover

der **Ham|mer,** die Hämmer, hämmern

Hamminkeln (NRW)

ham|peln

der **Hams|ter,** die Hamster, hamstern

Hanau (HE)

die **Hand,** die Hände, handlich, eine Handvoll, die Handarbeit

die **Hän|del** (Streit)

(sich) **han|deln,** es handelte (sich), der Handel, die Handlung, der Händler

der **Hand|schuh,** die Handschuhe

das **Hand|werk,** die Handwerker

das **Han|dy** [sprich: händi], die Handys

der **Hang,** die Hänge

die **Hän|ge|mat|te,** die Hängematten

hän|gen, sie hängte das Hemd auf, dann hing es da und hat lange gehangen.

Hann. Münden (NI)

Han|no|ver (Hauptstadt von Niedersachsen)

die **Han|se,** die Hanseaten, hanseatisch

hän|seln

han|tie|ren

der **Hap|pen,** die Happen

das **Hap|py|end** [sprich: häppiend]

der **Hard|rock**

Haren (Ems) (NI)

die **Har|fe,** die Harfen

die **Har|ke,** die Harken

harm|los

har|mo|nie|ren, die Harmonie, harmonisch

der **Harn,** die Harnblase

har|ren

der **Harsch**

Harsewinkel (NRW)

hart, härter, am härtesten, die Härte, hartnäckig, hartherzig

das **Harz,** harzig

Harzburg, Bad (NI)

der **Ha|se,** die Hasen, das Häschen

die **Ha|sel|nuss,** die Haselnüsse

has|sen, der Hass

häss|lich

du **hast** (von haben)

Heidelberg

die **Hast,** hastig, hasten
er **hat,** sie hatte, sie hätte, sie hätten (von haben)
Hattersheim am Main (HE)
Hattingen (NRW)
die **Hau|be,** die Hauben
der **Hauch,** hauchen, hauchdünn
hau|en
der **Hau|fen,** die Haufen
häu|fig
das **Haupt,** die Häupter, die Hauptsache, die Hauptstadt, die Hauptstraße, der Häuptling
haupt|säch|lich
das **Haus,** die Häuser, zu Hause, haushoch
hau|sen
der **Haus|schuh,** die Hausschuhe
das **Haus|tier,** die Haustiere
die **Haut,** die Häute
die **Heb|am|me,** die Hebammen
der **He|bel,** die Hebel
he|ben, sie hob, sie hat gehoben
der **Hecht,** die Hechte

das **Heck** des Schiffes
die **He|cke,** die Hecken
das **Heer,** die Heere
die **He|fe,** der Hefeteig
das **Heft,** die Hefte, heften, das Heftpflaster
hef|tig, die Heftigkeit
der **Heh|ler,** die Hehler
die **Hei|de,** die Heiden
der **Hei|de,** die Heiden (Nichtchrist), heidnisch
Heide (SH)
die **Hei|del|bee|re,** die Heidelbeeren
Heidenau (SN)
Heidenheim an der Brenz (BW)
heil (nicht kaputt)
Heilbad Heiligenstadt (TH)
Heilbronn (BW)
hei|len, die Heilung, der Heilpraktiker
hei|lig, die Heiligen, der Heilige Abend, der Heilige Geist, die Heiligen Drei Könige
Heiligenhaus (NRW)
heim, ich fahre heim, wir wollen heimgehen und heimfahren

Heinsberg

das **Heim,** die Heime
die **Hei|mat,** heimatlich, heimisch
heim|ge|hen, ich ging heim, ich bin heimgegangen
heim|lich, die Heimlichkeit
heim|wärts fahren
der **Heim|weg**
das **Heim|weh**
Heinsberg (NRW)
das **Hein|zel|männ|chen,** die Heinzelmännchen
die **Hei|rat,** die Heiraten, heiraten
hei|ser, die Heiserkeit
heiß, heißhungrig
hei|ßen, er hieß, er hat geheißen
hei|ter, die Heiterkeit
hei|zen, die Heizung
die **Hek|tik,** hektisch
der **Held,** die Helden
hel|fen, sie hilft, er half, sie hat geholfen, hilf!, die Hilfe
hell, die Helligkeit, hellblau, hellbraun
hell|licht, am helllichten Tag

der **Helm,** die Helme
Helmstedt (NI)
das **Hemd,** die Hemden
Hemer (NRW)
hem|men, es hemmte, die Hemmung, hemmungslos
Hemmingen (NI)
der **Hengst,** die Hengste
der **Hen|kel,** die Henkel
die **Hen|ne,** die Hennen
Hennef (Sieg) (NRW)
Hennigsdorf (BB)
Heppenheim (Bergstraße) (HE)
her

alles zusammen

her-
herbringen, **her**holen,
herabsehen usw.,
herankommen usw.,
herauskriegen usw.,
herbeilaufen usw.,
hereinschauen usw.,
herunterlassen usw.

herb
her|bei
die **Her|ber|ge,** die Herbergen
Herborn (HE)

Herdecke

der **Herbst,** herbstlich
der **Herd,** die Herde
die **Her|de,** die Herden
Herdecke (NRW)
Herford (NRW)
der **He|ring,** die Heringe
die **Her|kunft,** die Herkünfte
der **Herr,** die Herren,
der Herrscher, herrschen
Herrenberg (BW)
herr|lich
Hersfeld, Bad (HE)
her|stel|len,
sie stellte her,
die Herstellung
Herten (NRW)
her|vor|ra|gend
das **Herz,** die Herzen
herz|lich,
die Herzlichkeit
Herzogenaurach (BY)
Hes|sen (Bundesland),
die Hessen, hessisch
Hettstedt (ST)
het|zen, die Hetze
das **Heu,** der Heuschnupfen
heu|cheln, die Heuchler
heu|er (dieses Jahr)
heu|len
die **Heu|schre|cke,**
die Heuschrecken

Heusenstamm (HE)
heu|te, heute Morgen,
lieber heute als morgen,
heutig, heutzutage
die **He|xe,** die Hexen,
die Hexerei, hexen
der **Hieb,** die Hiebe
er **hielt** (von halten)
hier, hierauf, hierbei
hier|blei|ben,
sie blieb hier
hier|durch, hierher,
hiermit, hierzu
hie|sig
ich **hieß** (von heißen)
Hilchenbach (NRW)
Hilden (NRW)
die **Hil|fe,** die Hilfen, er hilft
hilf|los, hilfsbereit
der **Him|mel,** himmlisch,
die Himmelsrichtung,
die Himmelfahrt
hin und her

alles zusammen

hin-
hinbringen, **hin**fallen,
hinausgehen usw.,
hineinsteigen usw.,
hinuntergehen usw.,
hindurchschauen usw.

Hockenheim

hindern, sie hinderte, das Hindernis
hingegen
hinken
(sich) **hinsetzen,** er setzte (sich) hin
die **Hinsicht,** die Hinsichten
hinten
hinter, hintereinander
der **Hintergrund,** die Hintergründe
hinterher
hinterlistig
der **Hintern,** die Hintern
hinterrücks
der **Hinweis,** die Hinweise
hinzu
das **Hirn,** die Hirne
der **Hirsch,** die Hirsche
die **Hirse**
der **Hirt**/Hirte, die Hirten
die **Hitparade,** die Hitparaden, der Hit
die **Hitze,** hitzefrei
das **Hobby,** die Hobbys
der **Hobel,** die Hobel, hobeln
hoch, höher, am höchsten, die Höhe
das **Hochdeutsch,** sie kann kein Hochdeutsch, sie spricht hochdeutsch

hochheben, sie hob hoch, er hat hochgehoben
Hochheim am Main (HE)
der **Hochmut,** hochmütig
hochnäsig
höchst, höchstens
höchstwahrscheinlich
die **Hochzeit,** die Hochzeiten
hocken, die Hocke, der Hocker
Hockenheim (BW)
das **Hockey**
der **Hoden,** die Hoden
der **Hof,** die Höfe
hoffen, die Hoffnung, hoffnungslos
Hofgeismar (HE)
Hofheim am Taunus (HE)
hoffentlich
höflich, die Höflichkeit
hohe Bäume
die **Höhe,** die Höhen
Hohen Neuendorf (BB)
Hohenstein-Ernstthal (SN)
höhere Bäume
hohl, der Hohlraum

Hürth

die **Höh|le,** die Höhlen
der **Hohn,** höhnisch
der **Ho|kus|po|kus**
ho|len
Hol|land, die Holländer, holländisch
die **Höl|le,** höllisch
der **Holm,** die Holme
hol|pern, holprig / holperig
der **Ho|lun|der,** die Holunder
das **Holz,** die Hölzer, die Holzkiste, hölzern
Holzminden (NI)
Homburg (Saar) (SL)
Homburg vor der Höhe, Bad (HE)
die **Ho|möo|pa|thie,** homöopathisch
ho|mo|se|xu|ell
der **Ho|nig**
Honnef, Bad (NRW)
das **Ho|no|rar,** die Honorare
der **Hop|fen**
hop|peln
hopp|la
hop|sen, der Hopser
Horb am Neckar (BW)
hor|chen
die **Hor|de,** die Horden
hö|ren, der Hörer

der **Ho|ri|zont,** die Horizonte
ho|ri|zon|tal
das **Hor|mon,** die Hormone
das **Horn,** die Hörner
Horn-Bad Meinberg (NRW)
die **Hor|nis|se,** die Hornissen
das **Ho|ro|skop,** die Horoskope
der **Hor|ror**
Hörstel (NRW)
der **Hort,** die Horte
hor|ten
die **Ho|se,** die Hosen
das **Hos|pi|tal,** die Hospitäler
die **Hos|tie,** die Hostien
das **Ho|tel,** die Hotels
Höxter (NRW)
Hoya (NI)
Hoyerswerda (SN)
hübsch
der **Hub|schrau|ber,** die Hubschrauber
Hückelhoven (NRW)
hu|cke|pack
Hückeswagen (NRW)
der **Huf,** die Hufe
die **Hüf|te,** die Hüften
der **Hü|gel,** die Hügel, hüglig / hügelig
das **Huhn,** die Hühner

Ibbenbüren

die **Hül|le,** die Hüllen
die **Hül|se,** die Hülsen,
die Hülsenfrucht
hu|man
die **Hum|mel,** die Hummeln
der **Hu|mor,** humoristisch
hum|peln
der **Hu|mus**
der **Hund,** die Hunde
hun|dert, hundertmal,
hunderte/Hunderte,
hundertprozentig,
der Hundertmeterlauf
der **Hü|ne,** die Hünen
Hünfeld (HE)
der **Hun|ger,** hungrig
die **Hu|pe,** die Hupen, hupen
hüp|fen
die **Hür|de,** die Hürden
hur|ra!
hur|tig
hu|schen
hüs|teln
hus|ten, der Husten
Husum (SH)
der **Hut,** die Hüte
die **Hut,** hüten,
auf der Hut sein
die **Hüt|te,** die Hütten
der **Hy|drant,** die Hydranten
die **Hy|gi|e|ne,** hygienisch

I i

Ibbenbüren (NRW)
ich, ichbezogen
Idar-Oberstein (RP)
ide|al, das Ideal
die **Idee,** die Ideen
der **Idi|ot,** die Idioten,
die Idiotin, idiotisch
Idstein (HE)
der **Igel,** die Igel
das **Ig|lu,** die Iglus
ihr, ihre
Illertissen (BY)
die **Il|lus|trier|te,**
die Illustrierten
Ilmenau (TH)
im Haus (in dem Haus)
der **Im|biss,** die Imbisse
imi|tie|ren,
die Imitation
der **Im|ker,** die Imker
im|mer, immer wieder
im|mer|grün
im|mer|hin
im|mun
imp|fen, die Impfung
im|po|nie|ren
der **Im|port,** die Importe,
importieren

im|prä|gnie|ren, die Imprägnierung
im|stan|de/ im Stan|de sein
in, in einem Haus
in|dem, er hilft in dem Haus, indem er es putzt
der **In|di|a|ner,** die Indianer
das **In|di|vi|du|um,** die Individuen, individuell
die **In|dus|tri|a|li|sie|rung**
die **In|dus|trie,** die Industrien
in|ei|nan|der
die **In|fek|ti|on,** die Infektionen, der Infekt, infizieren
der **In|fi|ni|tiv,** die Infinitive
die **In|fla|ti|on**
in|for|mie|ren, die Information
Ingelheim am Rhein (RP)
der **In|ge|ni|eur** [sprich: inschenjöhr], die Ingenieure
in|ha|lie|ren
der **In|halt,** die Inhalte
die **Ini|ti|a|ti|ve,** die Initiativen
in|klu|si|ve
die **In|line|skates** [sprich: inleinskäits]

in|nen
in|ner|halb, innerlich
ins (in das)
ins|be|son|de|re
das **In|sekt,** die Insekten
die **In|sel,** die Inseln
das **In|se|rat,** die Inserate, inserieren
ins|ge|samt
in|so|fern
die **In|spek|ti|on,** die Inspektionen, die Inspektoren
der **In|stal|la|teur** [sprich: installatöhr], die Installateure
in|stand hal|ten/ in Stand hal|ten, er hielt instand
der **In|stinkt,** die Instinkte, instinktiv
das **In|sti|tut,** die Institute
das **In|stru|ment,** die Instrumente
in|takt
die **In|te|gra|ti|on,** integrieren
in|tel|li|gent, die Intelligenz
in|ten|siv, die Intensität
der **In|ter|ci|ty,** die Intercitys

A B C D E F G H I J K L M N O P Q R S T U V W X Y Z

in|te|res|sant
das **In|te|res|se,** die Interessen, interessieren
das **In|ter|nat,** die Internate
in|ter|na|ti|o|nal
das **In|ter|net**
das **In|ter|view,** die Interviews, interviewen
in|to|le|rant
in|zwi|schen
ir|gend

alles zusammen

irgend-
irgendjemand, **irgend**wann, **irgend**wo, **irgend**etwas, **irgend**ein

die **Iro|nie,** ironisch
ir|ren, er irrte, der Irrtum
der **Is|lam**
iso|lie|ren, die Isolierung, die Isolation
Is|ra|el, israelisch
du **isst** (von essen)
er **ist,** du bist, sie ist
Ita|li|en, die Italiener, italienisch
Itzehoe (SH)

J j

ja, ja / Ja sagen
die **Jacht,** die Jachten
die **Ja|cke,** die Jacken, das Jackett
der **Jack|pot,** die Jackpots
ja|gen, die Jagd
der **Ja|gu|ar,** die Jaguare
jäh, der Jähzorn
das **Jahr,** die Jahre, jährlich, jahrelang, das Jahrhundert
die **Ja|lou|sie** [sprich: ~~sch~~alusie], die Jalousien
der **Jam|mer,** jammern, jämmerlich
der **Ja|nu|ar**
Ja|pan, die Japaner, japanisch
jap|sen
jä|ten
jauch|zen
jau|len
ja|wohl
der **Jazz** [sprich: d~~sch~~ääs]
je, je mehr, desto besser
die **Jeans** [sprich: d~~sch~~iens]
je|de Menge
je|den|falls

je|der
je|der|zeit
je|des Mal
je|doch
der **Jeep** [sprich: d~~sch~~iep], die Jeeps
je|mals
je|mand, jemanden sehen, jemandem zusehen
Jena (TH)
je|ne, jener, jenes
jen|seits
Jessen (Elster) (ST)
Je|sus
jetzt, jetzig
je|weils
der **Job** [sprich: d~~sch~~ob], die Jobs, jobben
das **Jod**
jo|deln
jog|gen [sprich: d~~sch~~oggen], er joggte
der/das **Jo|ghurt**/Jo|gurt, die Joghurts
joh|len
jon|glie|ren, der Jongleur [sprich: ~~sch~~onglör]
der **Jour|na|list** [sprich: ~~sch~~urnalist], die Journalisten

ju|beln, er jubelte, der Jubel, jubilieren
das **Ju|bi|lä|um,** die Jubiläen, der Jubilar
ju|cken
der **Ju|de,** die Juden, die Jüdin, jüdisch
das **Ju|do**
die **Ju|gend,** jugendlich, die Jugendherberge
das **Ju|gend|amt**
der **Ju|li**
Jülich (NRW)
der **Jum|bo|jet** [sprich: jumbodschet]
jung, jünger, am jüngsten, jüngst
der **Jun|ge,** die Jungen, der Jüngling, jung
der **Ju|ni**
der **Ju|ni|or**
der **Ju|pi|ter**
der **Ju|rist,** die Juristen, die Juristin
die **Ju|ry** [sprich: d~~sch~~ürie], die Jurys
das **Ju|wel,** die Juwelen, der Juwelier
der **Jux**

Kaarst

Ka bis Ka

K k

Kaarst (NRW)
das **Ka|bel,** die Kabel
die **Ka|bi|ne,** die Kabinen
die **Ka|chel,** die Kacheln
der **Kä|fer,** die Käfer
das **Kaff,** die Kaffs
der **Kaf|fee**
der **Kä|fig,** die Käfige
kahl
der **Kahn,** die Kähne
der **Kai|ser,** die Kaiser
Kaiserslautern (RP)
der **Ka|kao**
der **Kak|tus,** die Kakteen
das **Kalb,** die Kälber
der **Ka|len|der,** die Kalender
der **Kalk**
kalt, kälter, die Kälte
Kaltenkirchen (SH)
ich **kam,** sie kamen (von kommen)
das **Ka|mel,** die Kamele
Kamen (NRW)
Kamenz (SN)
die **Ka|me|ra,** die Kameras
der **Ka|me|rad,** die Kameraden, die Kameradschaft
die **Ka|mil|le,** die Kamillen
der **Ka|min,** die Kamine
der **Kamm,** die Kämme, kämmen
die **Kam|mer,** die Kammern
der **Kampf,** die Kämpfe, kämpfen
Kamp-Lintfort (NRW)
der **Ka|nal,** die Kanäle
die **Ka|na|li|sa|ti|on**
der **Ka|na|ri|en|vo|gel,** die Kanarienvögel
der **Kan|di|dat,** die Kandidaten, kandidieren
das **Ka|nin|chen,** die Kaninchen
der **Ka|nis|ter,** die Kanister
ich **kann,** du kannst (von können)
die **Kan|ne,** die Kannen
der **Ka|non,** die Kanons
die **Ka|no|ne,** die Kanonen
die **Kan|te,** die Kanten
das **Ka|nu,** die Kanus
die **Kan|zel,** die Kanzeln
der **Kanz|ler,** die Kanzler, die Kanzlerin
die **Ka|pel|le,** die Kapellen
ka|pie|ren
das **Ka|pi|tal**

Karlsruhe

A B C D E F G H I J **K** L M N O P Q R S T U V W X Y Z

der **Ka|pi|tän,** die Kapitäne, die Kapitänin
das **Ka|pi|tel,** die Kapitel
ka|pi|tu|lie|ren, die Kapitulation
die **Kap|pe,** die Kappen
die **Kap|sel,** die Kapseln
ka|putt, kaputtmachen, kaputtgehen, es ist kaputtgegangen
die **Ka|pu|ze,** die Kapuzen
Karben (HE)
der **Kar|frei|tag**
ka|riert, das Karo
die **Ka|ri|es** (Zahnfäule)
Karlstadt (BY)
der **Kar|ne|val**
das **Kar|ni|ckel,** die Karnickel
das **Ka|ro,** die Karos, kariert
die **Ka|ros|se|rie** (des Autos), die Karosserien
die **Ka|rot|te,** die Karotten
der **Karp|fen,** die Karpfen
die **Kar|re,** der Karren, die Karren
die **Kar|ri|e|re,** die Karrieren
die **Kar|te,** die Karten
die **Kar|tei,** die Karteien
die **Kar|tof|fel,** die Kartoffeln
der **Kar|ton,** die Kartons, kartoniert
das **Ka|rus|sell,** die Karussells
der **Kä|se,** die Käse
die **Ka|ser|ne,** die Kasernen
der **Kas|per,** die Kasper, das Kaspertheater
der/das **Kas|per|le,** die Kasperle
die **Kas|se,** die Kassen
Kassel (HE)
die **Kas|set|te,** die Kassetten
kas|sie|ren
die **Kas|ta|nie,** die Kastanien
der **Kas|ten,** die Kästen
der **Ka|ta|log,** die Kataloge
der **Ka|ta|ly|sa|tor** (kurz: Kat), die Katalysatoren
die **Ka|ta|stro|phe,** die Katastrophen, katastrophal
der **Ka|ter,** die Kater
ka|tho|lisch, der Katholik
die **Kat|ze,** die Katzen
kau|en
(sich) **kau|ern,** sie kauerte (sich)

Kaufbeuren (BY)
kau|fen, der Kauf, der Käufer, der Kaufladen, der Kaufmann
die **Kaul|quap|pe,** die Kaulquappen
kaum
der **Kauz,** die Käuze
keck, die Keckheit
der **Ke|gel,** die Kegel, kegeln
Kehl (BW)
die **Keh|le,** die Kehlen
Kehlheim (BY)
keh|ren, die Kehre
kei|fen
der **Keil,** die Keile, keilen
der **Keim,** die Keime, keimen, keimfrei
kein, keine Angst, auf keinen Fall, keiner widerspricht, keinmal, keineswegs
auf **kei|nen** Fall
der **Keks,** die Kekse
der **Kelch,** die Kelche
Kelkheim (Taunus) (HE)
die **Kel|le,** die Kellen
der **Kel|ler,** die Keller
der **Kell|ner,** die Kellner, die Kellnerinnen
Kempen (NRW)

Kempten (Allgäu) (BY)
ken|nen, er kannte, er hat gekannt, die Kenntnis, kennen lernen
ken|tern, das Boot kenterte
ker|ben, die Kerbe
der **Kerl,** die Kerle
der **Kern,** die Kerne
die **Kern|ener|gie**
Kerpen (NRW)
die **Ker|ze,** die Kerzen, kerzengerade
der **Kes|sel,** die Kessel
der/das **Ket|schup**/Ket|chup [sprich: ketschap]
die **Ket|te,** die Ketten
keu|chen, der Keuchhusten
die **Keu|le,** die Keulen
Kevelaer (NRW)
das **Key|board** [sprich: kiebord], die Keyboards
das **Kfz,** die Kfz (Kraftfahrzeug)
ki|chern
ki|cken
kid|nap|pen [sprich: kidnäppen], der Kidnapper

Kierspe

der **Kie|bitz,** die Kiebitze
der **Kie|fer,** die Kiefer (Gebissknochen)
die **Kie|fer,** die Kiefern (Nadelbaum)
Kiel (Hauptstadt von Schleswig-Holstein)
die **Kie|me,** die Kiemen
Kierspe (NRW)
der **Kies,** der Kiesel
kil|len, der Killer
das **Ki|lo|gramm** (kurz: Kilo, kg)
der **Ki|lo|me|ter** (km), die Kilometer
das **Kind,** die Kinder, die Kindheit, das Kinderzimmer, kindisch, kindlich, kinderleicht
das **Kinn,** die Kinne
das **Ki|no,** die Kinos
der **Ki|osk,** die Kioske
kip|pen
die **Kir|che,** die Kirchen, die Kirchweih, der Kirchenchor, kirchlich
Kirchhain (HE)
die **Kir|mes**
die **Kir|sche,** die Kirschen, der Kirschbaum
das **Kis|sen,** die Kissen
Kissingen, Bad (BY)
die **Kis|te,** die Kisten
die **Ki|ta,** die Kitas (kurz für: Kindertagesstätte)
der **Kitsch,** kitschig
der **Kitt,** die Kitte, kitten
der **Kit|tel,** die Kittel
das **Kitz,** die Kitze
kit|zeln, kitzelig / kitzlig
Kitzingen (BY)
kläf|fen
kla|gen, die Klage, der Kläger, kläglich
klamm
die **Klam|mer,** die Klammern, klammern
die **Kla|mot|ten**
der **Klang,** die Klänge
die **Klap|pe,** die Klappen
klap|pen
klap|pern, die Klapper, klapprig / klapperig
der **Klaps,** die Klapse
klar, klären, die Klarheit
die **Klär|an|la|ge,** die Kläranlagen
die **Klas|se,** die Klassen, die Klassenlehrerin
klas|se!
klas|sisch

klat|schen
klau|en
das **Kla|vier,** die Klaviere
kle|ben, der Kleber, klebrig, der Klebstoff
kle|ckern, klecksen
der **Klee**
das **Kleid,** die Kleider, kleiden, die Kleidung
die **Kleie**
klein, kleinlich, die Kleinigkeit, das Kleingeld, er ist der Kleinste, klitzeklein, ein Wort kleinschreiben
der **Kleis|ter,** die Kleister
klem|men, die Klemme
der **Klemp|ner,** die Klempner
die **Klet|te,** die Kletten
klet|tern
das **Kli|ma,** der Klimawandel
klim|pern
die **Klin|ge,** die Klingen
die **Klin|gel,** die Klingeln, klingeln
klin|gen, es klang, es hat geklungen
die **Kli|nik,** die Kliniken
die **Klin|ke,** die Klinken, klinken

die **Klip|pe,** die Klippen
klir|ren
das **Klo,** die Klos, das Klosett
klop|fen
der **Klops,** die Klopse
das **Klo|sett,** die Klosetts
der **Kloß,** die Klöße
das **Klos|ter,** die Klöster
der **Klotz,** die Klötze
der **Klub,** die Klubs
klug, klüger, am klügsten, die Klugheit
der **Klum|pen,** die Klumpen
knab|bern
der **Kna|be,** die Knaben
das **Knä|cke|brot,** die Knäckebrote
kna|cken, der Knacks, knackig
knal|len, es knallte, der Knall, knallhart
knapp, die Knappheit
knar|ren
knat|tern
das **Knäu|el,** die Knäuel
knaut|schen, geknautscht
der **Kne|bel,** die Knebel, knebeln
der **Knecht,** die Knechte

kneifen, sie kniff, er hat gekniffen
kneten
knicken, der Knick
knicksen, der Knicks
das **Knie,** die Knie, knien
der **Kniff,** die Kniffe
knipsen, er knipste
der **Knirps,** die Knirpse
knirschen
knistern
knittern, zerknittert
knobeln
der **Knoblauch**
der **Knöchel,** die Knöchel
der **Knochen,** die Knochen, knochig
der **Knödel,** die Knödel
die **Knolle,** die Knollen
der **Knopf,** die Knöpfe, knöpfen
der **Knorpel,** die Knorpel, knorpelig
die **Knospe,** die Knospen
der **Knoten,** viele Knoten, knoten
das **Know-how** [sprich: nouhau]
knüllen, zerknüllt
knüpfen
der **Knüppel,** die Knüppel

knurren
knuspern, knusprig / knusperig
k.o. schlagen, k.o. sein
die **Koalition,** die Koalitionen (Bündnis)
Koblenz (RP)
kochen, der Koch, die Köchin
der **Koffer,** die Koffer, der Kofferraum
der **Kohl**
die **Kohle,** die Kohlen
die **Kohlmeise,** die Kohlmeisen
der **Kohlrabi,** die Kohlrabi
die **Kokosnuss,** die Kokosnüsse
der **Koks**
der **Kolben,** die Kolben
Kolbermoor (BY)
der **Kollege,** die Kollegen, die Kollegin
die **Kolonie,** die Kolonien
die **Kolonne,** die Kolonnen
der **Koloss,** die Kolosse, kolossal
das **Koma** (tief bewusstlos)
kombinieren, die Kombination, der Kombi

A B C D E F G H I J K L M N O P Q R S T U V W X Y Z

Königswinter

der **Ko|met,** die Kometen
der **Kom|fort** [sprich: kommfor], komfortabel
ko|misch, der Komiker
das **Kom|ma,** die Kommas/ Kommata
kom|man|die|ren, das Kommando
kom|men, du kommst, er kam, er ist gekommen
der **Kom|men|tar,** die Kommentare, kommentieren
die **Kom|mis|si|on,** der Kommissar
die **Kom|mo|de,** die Kommoden
die **Kom|mu|ne,** die Kommunen
die **Kom|mu|ni|on,** die Kommunionen
die **Ko|mö|die,** die Komödien
kom|pakt
die **Kom|pa|nie,** die Kompanien
der **Kom|pass,** die Kompasse
kom|pe|tent (sachverständig)
kom|plett (vollständig)
das **Kom|pli|ment,** die Komplimente
der **Kom|pli|ze,** die Komplizen
kom|pli|ziert, die Komplikation
kom|po|nie|ren, der Komponist
der **Kom|post,** die Komposte, kompostieren
das **Kom|pott,** die Kompotte
der **Kom|pro|miss,** die Kompromisse
kon|den|sie|ren, das Kondenswasser
die **Kon|di|ti|on**
die **Kon|di|to|rei,** die Konditoreien
die **Kon|fe|renz,** die Konferenzen
die **Kon|fes|si|on,** die Konfessionen
die **Kon|fir|ma|ti|on,** die Konfirmationen, konfirmieren
der **Kon|flikt,** die Konflikte
der **Kon|gress,** die Kongresse
der **Kö|nig,** die Könige, die Königin, königlich
Königsbrunn (BY)
Königslutter am Elm (NI)
Königstein im Taunus (HE)
Königs Wusterhausen (BB)
die **Kon|junk|tur**

Konstanz

Ko bis Ko

die **Kon|kur|renz,** konkurrieren
der **Kon|kurs,** die Konkurse
kön|nen, er kann, sie konnte, sie hat gekonnt, der Könner
kon|se|quent
kon|ser|vie|ren, die Konserve, konservativ
der **Kon|so|nant,** die Konsonanten
kon|stant
kon|stru|ie|ren, die Konstruktion
kon|su|mie|ren, der Konsum, der Konsument
der **Kon|takt,** die Kontakte
der **Kon|ti|nent,** die Kontinente
das **Kon|to,** die Konten
kon|tra
der **Kon|trast,** die Kontraste
kon|trol|lie|ren, die Kontrolle
Konz (RP)
(sich) **kon|zen|trie|ren,** er konzentrierte (sich), die Konzentration
das **Kon|zept,** die Konzepte
der **Kon|zern,** die Konzerne
das **Kon|zert,** die Konzerte
der **Kopf,** die Köpfe, die Kopfschmerzen, kopfrechnen, kopfüber, sich den Kopf zerbrechen
die **Ko|pie,** die Kopien, kopieren
der **Ko|ran**
der **Korb,** die Körbe
Korbach (HE)
die **Kor|del,** die Kordeln
der **Kor|ken,** die Korken, der Kork
das **Korn,** die Körner, körnig
Korntal-Münchingen (BW)
Kornwestheim (BW)
der **Kör|per,** die Körper
kor|rekt, korrigieren, die Korrektur
der **Kor|ri|dor,** die Korridore
die **Kor|ro|si|on**
kor|rupt, die Korruption
Korschenbroich (NRW)
die **Kos|me|tik,** kosmetisch
der **Kos|mos**
die **Kost,** kosten, köstlich
kos|ten, die Kosten, kostbar, kostenlos

Krefeld

köst|lich
das **Kos|tüm,** die Kostüme, kostümieren
der **Kot,** der Kotflügel
das **Ko|te|lett,** die Koteletts
der **Kö|ter,** die Köter
Köthen (Anhalt) (ST)
kot|zen
die **Krab|be,** die Krabben
krab|beln
kra|chen, der Krach
kräch|zen
die **Kraft,** die Kräfte, das Kraftwerk, kräftig
das **Kraft|fahr|zeug** (Kfz), die Kraftfahrzeuge
der **Kra|gen,** die Kragen
krä|hen, er krähte, die Krähe
Kraichtal (BW)
die **Kral|le,** die Krallen, krallen
der **Kram,** kramen
der **Krampf,** die Krämpfe, krampfhaft
der **Kran,** die Kräne
krank, die Krankheit, die Kranken, das Krankenhaus, der Krankenwagen, er hat krankgefeiert

krän|ken, die Kränkung
der **Kranz,** die Kränze
krass
der **Kra|ter,** die Krater
krat|zen, der Kratzer
krau|len, das Kraulen
kraus, kräuseln
das **Kraut,** die Kräuter
die **Kra|wat|te,** die Krawatten
kre|a|tiv sein, die Kreativität
der **Krebs,** die Krebse
der **Kre|dit,** die Kredite
die **Krei|de,** die Kreiden
der **Kreis,** die Kreise
krei|schen
der **Krei|sel,** die Kreisel
die **Krem,** die Krems
das **Kreuz,** die Kreuze, kreuzen, die Kreuzung
Kreuznach, Bad (RP)
Kreuztal (NRW)
krie|chen, sie kroch, sie ist gekrochen
der **Krieg,** die Kriege
krie|gen
der **Kri|mi** (Kriminalfilm)
die **Kri|mi|na|li|tät,** kriminell
die **Kri|po** (Kriminalpolizei)
die **Krip|pe,** die Krippen

Kulmbach

die **Kri|se,** die Krisen
die **Kri|tik,** die Kritiken,
kritisieren, kritisch
krit|zeln
das **Kro|ko|dil,** die Krokodile
der **Kro|kus,** die Krokusse
Kronach (BY)
Kronberg im Taunus (HE)
die **Kro|ne,** die Kronen,
krönen
die **Krö|te,** die Kröten
Krozingen, Bad (BW)
die **Krü|cke,** die Krücken
der **Krug,** die Krüge
die **Kru|me,** die Krumen
der **Krü|mel,** die Krümel
krumm, die Krümmung
der **Krüp|pel,** die Krüppel
die **Krus|te,** die Krusten
das **Kru|zi|fix,** die Kruzifixe
der **Kü|bel,** die Kübel
der/das **Ku|bik|me|ter** (m^3),
die Kubikmeter
die **Kü|che,** die Küchen,
der Küchenschrank
der **Ku|chen,** die Kuchen
ku|cken
der **Ku|ckuck,**
die Kuckucke
die **Ku|fe,** die Kufen

die **Ku|gel,** die Kugeln,
der Kugelschreiber,
kugeln, kugelrund
die **Kuh,** die Kühe
kühl, kühlen,
die Kühlung,
der Kühler,
der Kühlschrank
die **Kuh|le,** die Kuhlen
kühn, die Kühnheit
das **Kü|ken,** die Küken
kul|lern
die **Kul|tur,** die Kulturen
der **Küm|mel**
der **Kum|mer,** bekümmert,
kümmerlich
(sich) **küm|mern,**
sie kümmerte (sich)
der **Kum|pel,** die Kumpel
der **Kun|de,** die Kunden,
die Kundschaft
die **Kun|de,** kundig
kün|di|gen,
die Kündigung
künf|tig
die **Kunst,** die Künste,
die Künstler,
der Kunststoff,
das Kunstwerk, künstlich
das **Kup|fer**
die **Kup|pel,** die Kuppeln

die **Kupp|lung,** die Kupplungen
die **Kur,** die Kuren, der Kurgast, kurieren
die **Kur|bel,** die Kurbeln, kurbeln
der **Kür|bis,** die Kürbisse
der **Kurs,** die Kurse, der Kursus, kursieren
die **Kur|ve,** die Kurven, kurven, kurvig
kurz, kürzer, am kürzesten, kürzen, kürzlich, die Kürzung, der Kurzschluss, die Kurzarbeit, kurzsichtig
sich **ku|scheln,** sie kuschelte sich
ku|schen
die **Ku|si|ne,** die Kusinen, aber: der Cousin
der **Kuss,** die Küsse, küssen
die **Küs|te,** die Küsten
die **Kut|sche,** die Kutschen, kutschieren
das **Ku|vert** [sprich: kuweer], die Kuverts

Laatzen

L l

Laatzen (NI)
das **La|bor,** die Labors
das **La|by|rinth,** die Labyrinthe (Irrgarten)
la|chen, lächeln
lä|cher|lich
der **Lachs,** die Lachse
der **Lack,** die Lacke, lackieren
la|den, du lädst, sie lädt, er lud, er hat geladen, die Ladung
der **La|den,** die Läden
sie **lag** (von legen)
die **La|ge,** die Lagen
Lage (NRW)
das **La|ger,** die Lager, lagern
lahm, die Lähmung, gelähmt
Lahnstein (RP)
Lahr/ Schwarzwald (BW)
der **Laib** Brot
der **Laich,** laichen
der **Laie,** die Laien
das **La|ken,** die Laken
der/das **La|kritz,** die Lakritze
lal|len

Landshut

La bis **La**

das **La|met|ta**
das **Lamm,** die Lämmer
die **Lam|pe,** die Lampen
Lampertheim (HE)
der **Lam|pi|on,** die Lampions
das **Land,** die Länder, die Landschaft, landauf, landab
Landau in der Pfalz (RP)
lan|den, die Landung
die **Land|kar|te,** die Landkarten
Landsberg am Lech (BY)
die **Land|stra|ße,** die Landstraßen
der **Land|tag,** die Landtage
die **Land|wirt|schaft,** landwirtschaftlich
lang, länger, am längsten, seit Langem, die Länge, tagelang, länglich
lan|gen (ausreichen)
Langen (Hessen) (HE)
Langenfeld (Rheinland) (NRW)
Langenhagen (NI)
Langensalza, Bad (TH)
die **Lan|ge|wei|le,** langweilig
längs des Rheins, längs der Autobahn
lang|sam, die Langsamkeit
längst
lang|wie|rig
der **Lap|pen,** die Lappen
läp|pisch
der/das **Lap|top,** die Laptops
die **Lär|che,** die Lärchen
der **Lärm,** lärmen
die **Lar|ve,** die Larven
sie **las** (von lesen)
die **La|sche,** die Laschen
der **La|ser,** die Laser
las|sen, er ließ, er hat gelassen, lass das!
läs|sig, die Lässigkeit
das **Las|so,** die Lassos
lässt (von lassen)
die **Last,** die Lasten
das **Las|ter,** die Laster
läs|tern
läs|tig
das **La|tein**
die **La|ter|ne,** die Laternen
lat|schen
die **Lat|te,** die Latten
lau
das **Laub,** der Laubbaum
die **Lau|be,** die Lauben

Lehrte

Lauchhammer (BB)
lau|ern
Lauf an der Pegnitz (BY)
lau|fen, er läuft, sie lief, sie ist gelaufen, laufend, der Lauf
die **Lau|ne,** die Launen
lau|nisch
Laupheim (BW)
die **Laus,** die Läuse
lau|schen, der Lauscher
lau|sig kalt
die **Lau|sitz** (große deutsche Region)
der **Laut,** die Laute, laut sein, er war laut, der Lautsprecher, lautlos, lautstark
läu|ten
lau|ter Ärger
die **La|va**
die **La|wi|ne,** die Lawinen
das **La|za|rett,** die Lazarette
Lebach (Saarland) (SL)
das **Le|ben,** das Lebensmittel
le|ben, lebhaft, lebenslang, lebensgefährlich
le|ben|dig, lebhaft
die **Le|ber,** die Lebern
lech|zen

das **Leck,** die Lecks, das Boot ist leck
le|cken
le|cker
das **Le|der,** die Lederhose
le|dig,
le|dig|lich
leer, die Leere, ein Glas leeren
Leer (Ostfriesland) (NI)
le|gal
der **Le|gas|the|ni|ker,** die Legastheniker
le|gen
die **Le|gen|de,** die Legenden
die **Le|gie|rung,** die Legierungen
der **Lehm,** lehmig
(sich) **leh|nen,** sie lehnte (sich), die Lehne
leh|ren, der Lehrer, die Lehrerin, die Lehre, der Lehrling
Lehrte (NI)
der **Leib,** die Leiber, leibhaftig
die **Lei|che,** die Leichen, der Leichnam
Leichlingen (Rheinland) (NRW)
leicht, die Leichtigkeit

Leverkusen

die **Leichtathletik,** der Leichtathlet
leichtfertig
das **Leichtmetall**
der **Leichtsinn,** leichtsinnig
das **Leid,** die Leiden, es tat mir leid, ich bin es leid
leiden, er litt, er hat gelitten
leidenschaftlich, die Leidenschaft
leider
leidtun, es tat mir leid, es hat mir leidgetan
leiern, die Leier
leihen, sie lieh, sie hat geliehen, leihweise
der **Leim,** leimen
Leimen (Baden) (BW)
die **Leine,** die Leinen
Leinefelde-Worbis (TH)
das **Leinen,** die Leinwand
Leipzig (SN)
leise
die **Leiste,** die Leisten
leisten, die Leistung
leiten, die Leitung
die **Leiter,** die Leitern
die **Leitung,** die Leitungen
die **Lektion,** die Lektionen
die **Lektüre,** die Lektüren
Lemgo (NRW)
die **Lende,** die Lenden
Lengerich (NRW)
lenken, der Lenker, die Lenkung
Lennestadt (NRW)
Leonberg (BW)
der **Leopard,** die Leoparden
die **Lerche,** die Lerchen
lernen
lesen, sie liest, sie las, sie hat gelesen, lies!
der **Leser,** die Leser, die Leserin, lesbar, leserlich
letzte, ein letzter Gruß, als Letzter kommen
leuchten, der Leuchter
leugnen
die **Leute**
Leutkirch im Allgäu (BW)
das **Lexikon,** die Lexika / die Lexiken
die **Libelle,** die Libellen
liberal
das **Licht,** die Lichtung, die Lichtgeschwindigkeit, lichten, lichtempfindlich
Lichtenfels (BY)

A B C D E F G H I J K L M N O P Q R S T U V W X Y Z

Lingen

das **Lid,** die Lider (Augendeckel)
lieb, lieber, am liebsten
lie|ben, die Liebe, der Liebling, lieb
lie|bens|wür|dig
das **Lied,** die Lieder
lie|der|lich
sie **lief** (von laufen)
lie|fern, die Lieferung
lie|gen, er lag, sie hat gelegen
sie **ließ** (von lassen)
sie **liest** (von lesen)
der **Lift,** die Lifte (Fahrstuhl)
die **Li|ga,** die Ligen
der **Li|kör,** die Liköre
li|la
die **Li|lie,** die Lilien
Limbach-Oberfrohna (SN)
Limburg an der Lahn (HE)
die **Li|mo|na|de** (kurz: Limo), die Limonaden
Lindau (Bodensee) (BY)
die **Lin|de,** die Linden
lin|dern, die Linderung
das **Li|ne|al,** die Lineale, **li|ne|ar**
Lingen (Ems) (NI)
die **Li|nie,** die Linien, der Linienbus, liniert

der **Link,** die Links
links, ein linker Schuh, der Linkshänder, linkisch
das **Li|no|le|um**
die **Lin|se,** die Linsen
lin|sen
die **Lip|pe,** die Lippen
Lippspringe, Bad (NRW)
Lippstadt (NRW)
lis|peln
die **List,** die Listen, listig
die **Lis|te,** die Listen
der/das **Li|ter,** drei Liter (3 l)
die **Li|te|ra|tur**
live [sprich: leif]
der **Lkw,** die Lkw (Lastkraftwagen)
Löbau (SN)
lo|ben, das Lob
das **Loch,** die Löcher, lochen, löchrig/löcherig
die **Lo|cke,** die Locken, lockig
lo|cken
lo|cker, lockern
lo|dern, das Feuer loderte
der **Löf|fel,** die Löffel, löffeln
die **Lo|gik**
Lohmar (NRW)
Lohne (Oldenburg) (NI)
Löhne (NRW)

Lörrach

A B C D E F G H I J K L M N O P Q R S T U V W X Y Z

(sich) **loh|nen,** es lohnte (sich), der Lohn

Lohr am Main (BY)

das **Lo|kal,** die Lokale

die **Lo|ko|mo|ti|ve** (kurz: Lok), die Lokomotiven

Lörrach (BW)

los, lose, ein loser Knopf

> *alles zusammen*
>
> **los-**
> **los**lassen, **los**gehen, **los**fahren, **los**reißen usw.

das **Los,** die Lose, losen

lö|schen

lö|sen, die Lösung

der **Löß**

das **Lot,** die Lote

lö|ten

der **Lot|se,** die Lotsen, lotsen

die **Lot|te|rie,** das Lotto

der **Lö|we,** die Löwen

der **Lö|wen|zahn**

lo|yal

Lübeck (SH)

Lübbenau/ Spreewald (BB)

der **Luchs,** die Luchse

die **Lü|cke,** die Lücken, lückenlos

Luckenwalde (BB)

Lüdenscheid (NRW)

Lüdinghausen (NRW)

Ludwigsburg (BW)

Ludwigsfelde (BB)

Ludwigshafen am Rhein (RP)

die **Luft,** die Lüfte, der Luftballon, die Luftröhre

lu|gen

lü|gen, sie log, er hat gelogen, die Lüge

die **Lu|ke,** die Luken

der **Lüm|mel,** die Lümmel

der **Lump,** die Lumpen

der **Lum|pen,** die Lumpen

lum|pig

Lüneburg (NI)

Lünen (NRW)

die **Lun|ge,** die Lungen

lun|gern, herumlungern

lüp|fen

der **Lurch,** die Lurche

die **Lust,** die Lüste

lus|tig, lustlos

lut|schen, der Lutscher

Lu|xem|burg, die Luxemburger, luxemburgisch

der **Lu|xus,** luxuriös

die **Ly|rik**

Mainz

Ma bis **Ma**

M m

ma|chen, du machst
der **Ma|cho,** [sprich: matscho], die Machos
mäch|tig, die Macht
die **Ma|cke,** die Macken
das **Mäd|chen,** die Mädchen
die **Ma|de,** die Maden
ich **mag** (von mögen)
das **Ma|ga|zin,** die Magazine
die **Magd,** die Mägde
Mag|de|burg (Hauptstadt von Sachsen-Anhalt)
der **Ma|gen,** die Mägen
ma|ger, die Magersucht
der **Ma|gi|er,** die Magier, magisch
der **Ma|gnet,** die Magnete, der Magnetismus
mä|hen
mah|len, er mahlte Mehl
die **Mahl|zeit,** die Mahlzeiten, das Mahl
die **Mäh|ne,** die Mähnen
mah|nen, die Mahnung
der **Mai,** der Maikäfer
die **Mail|box**

Maintal (HE)
Mainz (Hauptstadt von Rheinland-Pfalz)
der **Mais**
die **Ma|jes|tät,** majestätisch
die **Ma|jo|nä|se**
der **Ma|kel,** mäkeln
das **Make-up** [sprich: mejk ap]
die **Mak|ka|ro|ni**
der **Mak|ler,** die Makler
mal, komm mal! einmal, diesmal, manchmal, zehnmal, jedes Mal, ein paar Mal das nächste Mal, mit einem Mal
das **Mal,** die Male
ma|len, die Maler, die Malerei
mal|neh|men, er nahm mal
ma|lo|chen
die **Ma|ma,** die Mamas
das **Mam|mut,** die Mammuts
man, man sieht es
der **Ma|na|ger** [sprich: mänäd~~sch~~er], die Manager, die Managerin, managen

Mannheim

Ma bis **Ma**

manch, manche, mancher, mancherlei, manchmal

die **Man|da|ri|ne,** die Mandarinen

die **Man|del,** die Mandeln

die **Ma|ne|ge** [sprich: manee~~sche~~], die Manegen

der **Man|gel,** die Mängel, mangelhaft

die **Ma|nie|ren**

der **Mann,** die Männer, die Mannschaft, männlich, mannshoch

das **Ma|nö|ver,** die Manöver

der **Man|tel,** die Mäntel

das **Ma|nu|skript,** die Manuskripte

die **Map|pe,** die Mappen

die **Mär**

der **Ma|ra|thon|lauf,** die Marathonläufe

Marbach am Neckar (BW)

Marburg (HE)

das **Mär|chen,** die Märchen

der **Mar|der,** die Marder

die **Mar|ga|ri|ne**

die **Mar|ge|ri|te,** die Margeriten

der **Ma|ri|en|kä|fer,** die Marienkäfer

die **Ma|ri|ne**

die **Ma|ri|o|net|te,** die Marionetten

die **Mark** und der Pfennig

das **Mark** (in Knochen)

die **Mark Bran|den|burg** (deutsche Region)

die **Mar|ke,** die Marken

mar|kie|ren

die **Mar|ki|se,** die Markisen

Markkleeberg (SN)

Markranstädt (SN)

der **Markt,** die Märkte, der Marktplatz

Marktoberdorf (BY)

Marktredwitz (BY)

Marl (NRW)

die **Mar|me|la|de,** die Marmeladen

der **Mar|mor**

der **Mars**

Marsberg (NRW)

die **Marsch** (Küstenland)

der **Marsch,** die Märsche

der **März**

das **Mar|zi|pan**

die **Ma|sche,** die Maschen

die **Ma|schi|ne,** die Maschinen

die **Ma|sern**
die **Mas|ke,** die Masken, maskieren
das **Mas|kott|chen,** die Maskottchen
mas|ku|lin
das **Maß,** die Maße
die **Mas|sa|ge** [sprich: massasche], die Massagen
die **Mas|se,** die Massen, massig, massenhaft
die **Mas|sen|tier|hal|tung**
mas|sie|ren
mä|ßig, sich mäßigen, die Mäßigung
die **Maß|nah|me,** die Maßnahmen
die **Maß|re|gel**
der **Maß|stab,** die Maßstäbe
der **Mast,** die Masten (eines Schiffes)
die **Mast** (von Tieren)
das **Match** [sprich: mätsch], die Matches
das **Ma|te|ri|al,** die Materialien
die **Ma|the|ma|tik** (Mathe), mathematisch
die **Ma|trat|ze,** die Matratzen
der **Ma|tro|se,** die Matrosen
der **Matsch,** matschig
matt, ich bin matt
die **Mat|te,** die Matten
die **Mau|er,** die Mauern, mauern
das **Maul,** die Mäuler
der **Maul|wurf,** die Maulwürfe
der **Mau|rer,** die Maurer
die **Maus,** die Mäuse
die **Mau|ser**
Mayen (RP)
me|cha|nisch, der Mechaniker
Mechernich (NRW)
Meckenheim (NRW)
me|ckern
Meck|len|burg-Vor|pom|mern (Bundesland), die Mecklenburger, mecklenburgisch, die Pommern, pommerisch / pommersch
die **Me|dail|le** [sprich: medallje], die Medaillen
die **Me|di|en**
das **Me|di|ka|ment,** die Medikamente

A B C D E F G H I J K L M N O P Q R S T U V W X Y Z

Meiningen

die **Me|di|zin**
das **Meer,** die Meere
Meerane (SN)
der **Meer|ret|tich,** die Meerrettiche
das **Meer|schwein|chen,** die Meerschweinchen
das **Mehl,** mehlig
mehr, mehrere
die **Mehr|heit**
die **Mehr|zahl**
mei|den, sie mied, sie hat gemieden
die **Mei|le,** die Meilen
mein
der **Mein|eid,** die Meineide
mei|nen, die Meinung
Meinerzhagen (NRW)
mei|net|we|gen
Meiningen (TH)
die **Mei|se,** die Meisen
der **Mei|ßel,** die Meißel
Meißen (SN)
meist, meistens, am meisten, die meisten
der **Meis|ter,** die Meister, die Meisterschaft
mel|den, die Meldung
mel|ken, sie molk/melkte, sie hat gemolken/gemelkt

Melle (NI)
die **Me|lo|die,** die Melodien, melodisch
die **Me|lo|ne,** die Melonen
Memmingen (BY)
die **Men|ge,** die Mengen
der **Mensch,** die Menschen, die Menschheit, menschlich
die **Mens|tru|a|ti|on**
die **Men|ta|li|tät**
das **Me|nü,** die Menüs
Meppen (NI)
Mergentheim, Bad (BW)
der **Mer|ce|des**
(sich) **mer|ken,** sie merkte (sich), das Merkmal, merkwürdig
Merseburg (ST)
Merzig (SL)
Meschede (NRW)
die **Mes|se,** die Messen
mes|sen, er misst, er maß, er hat gemessen, miss!
das **Mes|ser,** die Messer
das **Me|tall,** die Metalle, metallisch
der **Me|te|or,** die Meteore, der Meteorit

die **Me|te|o|ro|lo|gie**
der/das **Me|ter,** drei Meter (3 m), meterhoch
die **Me|tho|de,** die Methoden, methodisch
Mettmann (NRW)
der **Metz|ger,** die Metzger, die Metzgerei
die **Meu|te|rei,** die Meutereien, meutern
mi|au, das Miauen
mich, es stört mich
die **Mi|cky|maus**
der **Mief,** miefig
die **Mie|ne** (Gesichtsausdruck)
mies, miesmachen
die **Mie|te,** die Mieten
die **Mi|gra|ti|on**
das **Mi|kro|fon**/Mi|kro|phon, die Mikrofone
das **Mi|kro|skop,** die Mikroskope
die **Mi|kro|wel|le**
die **Milch,** milchig
mild, die Milde, mildern, mildtätig
das **Mi|li|tär,** militärisch
die **Mil|li|ar|de,** die Milliarden
das **Mil|li|gramm** (mg)
der/das **Mil|li|me|ter** (mm)

die **Mil|li|on,** die Millionen, der Millionär
das **Mi|na|rett**
Minden (NRW)
min|der, die Minderheit, minderjährig
min|des|tens, der Mindestlohn
die **Mi|ne,** die Minen (1. Bleistiftmine, 2. Bergwerk, 3. Sprengkörper)
das **Mi|ne|ral,** die Mineralien
das **Mi|ne|ral|was|ser**
das **Mi|ni|golf**
mi|ni|mal, das Minimum
der **Mi|nis|ter,** die Minister, die Ministerin
mi|nus
das **Mi|nus** (Fehlbetrag)
die **Mi|nu|te,** die Minuten, minutenlang
mir, es gefällt mir
mi|schen, die Mischung, der Mischling
mi|se|ra|bel
die **Miss,** die Miss Germany
miss|ach|ten
miss|bil|li|gen
der **Miss|brauch**

A B C D E F G H I J K L **M** N O P Q R S T U V W X Y Z

Mittweida

der **Miss|er|folg,** die Misserfolge
das **Miss|ge|schick,** die Missgeschicke
miss|han|deln
die **Mis|si|on,** der Missionar, missionieren
sie **misst** (von messen)
miss|trau|en, das Misstrauen
miss|ver|ste|hen, sie missverstand, er hat missverstanden, das Missverständnis
der **Mist,** der Misthaufen
mit

alles zusammen

mit-
mitbringen, **mit**fahren, **mit**geben, **mit**gehen, **mit**helfen, **mit**kommen, **mit**kriegen, **mit**machen, **mit**spielen usw.

mit|ei|nan|der
das **Mit|glied,** die Mitglieder
die **Mit|hil|fe,** Mithilfe leisten
der **Mit|laut,** die Mitlaute
das **Mit|leid,** mitleidig
der **Mit|tag,** die Mittage, mittags
die **Mit|te,** die Mitten
mit|tei|len, die Mitteilung
das **Mit|tel,** die Mittel
das **Mit|tel|al|ter**
das **Mit|tel|ge|bir|ge**
mit|tel|mä|ßig
die **Mit|ter|nacht**
mitt|ler|wei|le
der **Mitt|woch,** die Mittwoche
mi|xen, der Mixer
das **Mö|bel,** die Möbel, möblieren
mo|bil
ich **möch|te** (von mögen)
die **Mo|de,** die Moden, modisch
das **Mo|dell** (zweite Silbe betont), die Modelle
der **Mo|de|ra|tor,** die Moderatoren, die Moderatorin
mo|dern (erste Silbe betont: verfaulen), der Moder

Moers

Mo bis **Mo**

mo|dern
(zweite Silbe betont:
neuzeitlich)
das **Mo|fa,** die Mofas
mo|geln
mö|gen, sie mag,
sie mochte, sie möchte,
sie hat gemocht
mög|lich, möglichst,
die Möglichkeit
Mo|ham|med
der **Mohn**
die **Mohr|rü|be,**
die Mohrrüben
der **Molch,** die Molche
die **Mol|ke|rei,** die Molkereien
mol|lig
der **Mo|ment,** die Momente
die **Mo|nar|chie**
der **Mo|nat,** die Monate
der **Mönch,** die Mönche
der **Mond,** die Monde
der **Mo|ni|tor,** die Monitore
der **Mo|no|log,** die Monologe
das **Mo|no|pol,** die Monopole
das **Mons|ter,** die Monster
der **Mon|tag,** die Montage
die **Mon|ta|ge**
[sprich: monta~~sche~~],
(zweite Silbe betont),
montieren

der **Mon|teur**
[sprich: montör],
die Monteure
das **Moor,** die Moore
das **Moos,** die Moose
das **Mo|ped,** die Mopeds,
der Mopedfahrer
der **Mops,** die Möpse
die **Mo|ral,** moralisch
der **Mo|rast**
der **Mord,** die Morde,
morden
der **Mor|gen,** die Morgen,
am Morgen
mor|gen früh
mor|gens und abends
morsch
mor|sen, er morste
der **Mör|tel**
das **Mo|sa|ik**
die **Mo|schee,** die Moscheen
der **Mos|lem,** die Moslems
der **Most,** die Moste
der **Most|rich**
das **Mo|tiv,** die Motive
mo|ti|vie|ren,
er war motiviert
der **Mo|tor,** die Motoren
das **Mo|tor|rad,**
die Motorräder
die **Mot|te,** die Motten

Münster

das **Mot|to,** die Mottos
die **Mö|we,** die Möwen
der **Moz|za|rel|la**
die **Mü|cke,** die Mücken
mü|de, die Müdigkeit
die **Mü|he,** sich mühen, mühsam, mühelos
die **Müh|le,** die Mühlen
die **Mul|de,** die Mulden
der **Mull,** die Mullbinde
der **Müll,** der Mülleimer, die Mülltrennung
der **Mül|ler,** die Müller, die Müllerin
mul|mig
die **Mul|ti|pli|ka|ti|on,** multiplizieren
die **Mu|mie,** die Mumien
der **Mumps**
Mün|chen (Hauptstadt von Bayern)
der **Mund,** die Münder, den Mund halten
die **Mund|art,** die Mundarten
mün|den, die Mündung
die **Mu|ni|ti|on**
Münstereifel, Bad (NRW)
mun|ter, die Munterkeit
die **Mün|ze,** die Münzen

mür|be
mur|meln
mur|ren
das **Mus**
die **Mu|schel,** die Muscheln
das **Mu|se|um,** die Museen
das **Mu|si|cal** [sprich: mjusikl], die Musicals
die **Mu|sik,** musizieren, musikalisch, das Musikinstrument, die Musikkapelle
der **Mus|kel,** die Muskeln, der Muskelkater
der **Mus|lim,** die Muslime
er **muss,** er musste es tun (von müssen)
die **Mu|ße,** müßig
müs|sen, ich musste, ich habe gemusst, du musst, du musstest
das **Mus|ter,** die Muster
mus|tern
der **Mut,** mutig, mutwillig
die **Mut|ter,** die Mütter, Mutti, die Muttersprache, mütterlich
die **Mut|ter,** die Muttern (für Schrauben)
die **Müt|ze,** die Mützen

Nagold

N n

die **Na|be,** die Naben
der **Na|bel,** die Nabel
nach

alles zusammen

nach-
nachdenken, **nach**fragen, **nach**geben, **nach**gucken, **nach**helfen, **nach**lassen, **nach**machen usw.

nach|ah|men
der **Nach|bar,** die Nachbarn, die Nachbarschaft
nach|dem, je nachdem
nach|ei|nan|der
die **Nach|er|zäh|lung,** die Nacherzählungen
der **Nach|fol|ger,** die Nachfolger
nach|ge|ben, sie gab nach, sie hat nachgegeben, nachgiebig
nach Hau|se gehen
nach|her
die **Nach|hil|fe**
im **Nach|hi|nein**
nach|läs|sig, die Nachlässigkeit
der **Nach|mit|tag,** die Nachmittage
die **Nach|richt,** die Nachrichten
nächs|te Woche
die **Nacht,** die Nächte, gestern Nacht, nachts
der **Nach|teil,** nachteilig
der **Nach|tisch** (beim Essen)
nach|träg|lich
nach|wei|sen, er wies nach, sie hat nachgewiesen
der **Nach|wuchs**
der **Na|cken,** die Nacken
nackt, nackend
die **Na|del,** die Nadeln, der Nadelbaum
der **Na|gel,** die Nägel, nageln, nagelneu
na|gen
das **Na|ge|tier,** die Nagetiere
Nagold (BW)
nah, nahe, näher, am nächsten, die Nähe
nä|hen, das Nähzeug
sich **nä|hern,** er näherte sich
wir **nah|men** (von nehmen)
die **Nah|rung,** nahrhaft
die **Naht,** die Nähte, nahtlos

A B C D E F G H I J K L M N O P Q R S T U V W X Y Z

Nauen

na|iv, die Naivität
der **Na|me**, die Namen, namentlich
näm|lich
der **Napf**, die Näpfe
die **Nar|be**, die Narben
die **Nar|ko|se**, die Narkosen
der **Narr**, die Narren, närrisch
die **Nar|zis|se**, die Narzissen
na|schen
die **Na|se**, die Nasen, das Näschen, naseweis
das **Nas|horn**, die Nashörner
nass, die Nässe
die **Na|ti|on**, die Nationen
na|ti|o|nal, die Nationalhymne
die **Na|tur**, natürlich, der Naturschutz
Nauen (BB)
Nauheim, Bad (HE)
die **Na|vi|ga|ti|on**, das Navi
der **Ne|bel**, die Nebel, neblig/nebelig
ne|ben, nebenbei, nebenan
ne|ben|ei|nan|der

die **Ne|ben|sa|che**, die Nebensachen, nebensächlich
nebst
Neckarsulm (BW)
ne|cken, sie neckte
nee (nein)
der **Nef|fe**, die Neffen
ne|ga|tiv
neh|men, sie nimmt, er nahm, er hat genommen, nimm!
der **Neid**, neidisch, neidlos
nei|gen, die Neigung, es geht zur Neige
nein/Nein sagen
der **Nek|tar**
die **Nel|ke**, die Nelken
nen|nen, er nannte, er hat genannt, der Nenner
die **Ne|on-Leucht|röh|re**
der **Nerv**, die Nerven
ner|vös, die Nervosität
die **Nes|sel**, die Nesseln
das **Nest**, die Nester, nisten
Netphen (NRW)
nett, die Nettigkeit
Nettetal (NRW)
net|to
das **Netz**, die Netze

neu, neuerdings,
das neue Jahr,
seit Neuestem, von Neuem,
die Neuigkeit, etwas Neues
Neubrandenburg (MV)
Neuburg an der Donau (BY)
Neuenahr-Ahrweiler, Bad (RP)
die **Neu|gier**/Neu|gier|de,
neugierig
Neu-Isenburg (HE)
das **Neu|jahr**
Neukirchen-Vluyn (NRW)
neu|lich
Neumünster (SH)
neun, neunzehn, neunzig
Neunkirchen (SL)
Neuruppin (BB)
Neusäß (BY)
Neustadt am Rübenberge (NI)
Neustadt an der Saale, Bad (SN)
Neustadt an der Weinstraße (RP)
Neustadt bei Coburg (BY)
Neustadt in Holstein (SH)
Neustrelitz (MV)
neu|tral
Neu-Ulm (BY)
Neuwied (RP)
nicht, nicht wahr?
die **Nich|te,** die Nichten
nichts, gar nichts
ni|cken
Nidderau (HE)
nie wieder!
nie|der, auf und nieder,
die Niederlage
Niederkassel (NRW)
die **Nie|der|lan|de,**
die Niederländer,
niederländisch
Nie|der|sach|sen
(Bundesland),
die Niedersachsen,
niedersächsisch
der **Nie|der|schlag,**
die Niederschläge
nied|lich
nied|rig
nie|mals
nie|mand ist da, man
kann niemanden fragen
Nienburg (Weser) (NI)
die **Nie|re,** die Nieren
nie|sen
die **Nie|te,** die Nieten

Norderstedt

A B C D E F G H I J K L M **N** O P Q R S T U V W X Y Z

der **Nikolaus**
das **Nikotin**
nimmer
sie **nimmt,** du nimmst, nimm! (von nehmen)
nirgends, nirgendwo
die **Nische,** die Nischen
nisten
die **Nixe,** die Nixen
nobel
noch, noch einmal
nochmal, nochmals
das **Nomen,** die Nomen
der **Nominativ,** die Nominative (1. Fall)
die **Nonne,** die Nonnen
nonstop fliegen
der **Norden,** der Nordpol, nördlich, norddeutsch
Norden (NI)
Nordenham (NI)
Nordhausen (TH)
Nordhorn (NI)
Nördlingen (BY)
Nordrhein-Westfalen, (Bundesland), die Nordrhein-Westfalen, nordrhein-westfälisch
die **Nordsee**
nörgeln, der Nörgler
die **Norm,** die Normen
normal, normalerweise
Northeim (NI)
die **Not,** die Nöte, Not leiden, der Notruf
die **Note,** die Noten
nötig
nötigen, er nötigte
die **Notiz,** die Notizen, notieren
notwendig, die Notwendigkeit
der **November**
NRW (Nordrhein-Westfalen)
im **Nu,** im Nu geschehen
nüchtern
die **Nudel,** die Nudeln
null Fehler, die Null
die **Nummer,** die Nummern, nummerieren
nun, nunmehr
nur, nur heute
Nürnberg (sehr große Stadt in Bayern)
Nürtingen (BW)
nuscheln
die **Nuss,** die Nüsse
der **Nutzen,** wir nutzen
nützen, es nützte, nützlich
das **Nylon**

Oberasbach

O o

die **Oa|se,** die Oasen
ob, obgleich
Ob|acht geben
das **Ob|dach,**
die Obdachlosen
oben, obendrein
der **Ober,** die Ober
Oberasbach (BY)
ober|halb
das **Ober|haupt**
Oberhausen (NRW)
Oberkirch (BW)
Ober-Ramstadt (HE)
die **Ober|schu|le**
Obertshausen (HE)
Oberursel (Taunus) (HE)
das **Ob|jekt,** die Objekte
ob|jek|tiv
das **Obst**
ob|wohl
der **Och|se,** die Ochsen
Ochtrup (NRW)
öde, das Ödland
die **Oder** (großer Strom)
oder, entweder – oder
Oelde (NRW)
Oelsnitz/Erzgebirge (SN)
Oer-Erkenschwick (NRW)
Oerlinghausen (NRW)
Oeynhausen,
Bad (NRW)
der **Ofen,** die Öfen
of|fen, offenbar,
offensichtlich
of|fen (auf),
er macht die Tür auf,
danach steht sie offen
Offenbach
am Main (HE)
Offenburg (BW)
öf|fent|lich,
die Öffentlichkeit
of|fi|zi|ell
der **Of|fi|zier,** die Offiziere
öff|nen, die Öffnung
oft, öfter, oftmals
oh|ne
die **Ohn|macht,** ohnmächtig
das **Ohr,** die Ohren
die **Ohr|fei|ge,** die Ohrfeigen
Öhringen (BW)
okay (kurz: o.k.)
die **Öko|lo|gie,** ökologisch
der **Ok|to|ber**
das **Öl,** die Öle, ölig,
die Ölpest
Olching (BY)
Oldenburg (Oldb) (NI)
Oldesloe, Bad (SH)

A B C D E F G H I J K L M N **O** P Q R S T U V W X Y Z

Olpe

die **Oli|ve,** die Oliven
Olpe (NRW)
Olsberg (NRW)
die **Olym|pi|schen Spie|le,** die Olympiade
der **Om|ni|bus,** die Omnibusse
der **On|kel,** die Onkel/die Onkels
on|line sein, ich war online
der **Opel**
die **Oper,** die Opern
die **Ope|ra|ti|on,** die Operationen, operieren
op|fern, das Opfer
die **Op|po|si|ti|on**
op|ti|mal
der **Op|ti|mist,** die Optimisten, optimistisch
op|tisch, der Optiker
oran|ge, eine orange Bluse (nicht orangene!)
die **Oran|ge,** die Orangen
Oranienburg (BB)
das **Or|ches|ter** [sprich: orkester], die Orchester (Kapelle)
or|dent|lich
ord|nen, die Ordnung
das **Or|gan,** die Organe
or|ga|ni|sie|ren, die Organisation
die **Or|gel,** die Orgeln
der **Ori|ent**
sich **ori|en|tie|ren,** er orientierte sich, die Orientierung
das **Ori|gi|nal,** die Originale
der **Or|kan,** die Orkane
der **Ort,** die Orte, die Ortschaft
die **Or|tho|gra|phie/** Or|tho|gra|fie
Oschatz (SN)
Oschersleben (Bode) (ST)
Osnabrück (NI)
der **Os|ten,** östlich
Osterholz-Scharmbeck (NI)
Os|tern
Osterode am Harz (NI)
Ös|ter|reich, die Österreicher, österreichisch
Ostfildern (BW)
oval
Overath (NRW)
der **Oze|an,** die Ozeane

Paderborn

P p

ein **paar** Tage lang,
ein paarmal
das **Paar** Schuhe,
zwei Paare, ein P<u>ä</u>rchen
pach|ten, die Pacht,
der Pächter
das **Päck|chen,**
die Päckchen
pa|cken
die **Pä|da|go|gik,**
der Pädagoge
das **Pad|del,** die Paddel,
paddeln
Paderborn (NRW)
das **Pa|ket,** die Pakete
der **Pa|last,** die Paläste
die **Pa|let|te,** die Paletten
die **Pal|me,** die Palmen
die **Pam|pel|mu|se,**
die Pampelmusen
die **Pa|nik**
die **Pan|ne,** die Pannen
pan|schen
der **Pan|tof|fel,** die Pantoffeln
der **Pan|zer,** die Panzer
der **Pa|pa,** die Papas
der **Pa|pa|gei,** die Papageien
Papenburg (NI)

das **Pa|pier,** die Papiere
die **Pap|pe,** die Pappen
die **Pap|pel,** die Pappeln
die **Pa|pri|ka**
der **Papst,** die Päpste
das **Pa|ra|dies,**
die Paradiese
der **Pa|ra|graf**/Pa|ra|graph,
die Paragrafen
pa|ral|lel, die Parallele
der **Pa|ra|sit,** die Parasiten
Parchim (MV)
das **Par|füm,** die Parfüms
pa|rie|ren
Paris (Hauptstadt
Frankreichs)
der **Park,** die Parks/Parke
par|ken, der Parkplatz
das **Par|la|ment,**
die Parlamente
die **Par|tei,** die Parteien,
parteiisch
das **Par|ter|re**
die **Par|tie,** die Partien
der **Part|ner,** die Partner,
die Partnerin
die **Par|ty,** die Partys
der **Pass,** die Pässe
der **Pas|sa|gier**
[sprich: Passa~~sch~~ier],
die Passagiere

A B C D E F G H I J K L M N O **P** Q R S T U V W X Y Z

Passau

der **Pas|sant,** die Passanten
pas|sen
pas|sie|ren
pas|siv
die **Pas|te,** die Pasten
der **Pas|tor,** die Pastoren, die Pastorin
der **Pa|te,** die Paten
das **Pa|tent,** die Patente
der **Pa|ti|ent** [sprich: pazient], die Patienten
der **Pa|tri|ot,** die Patrioten
die **Pa|tro|ne,** die Patronen
pat|zig
die **Pau|ke,** die Pauken, pauken
pau|schal
die **Pau|se,** die Pausen, pausieren
der **Pa|zi|fist,** die Pazifisten
der **PC** (Personal Computer)
das **Pech**
das **Pe|dal,** die Pedale
Peine (NI)
pein|lich, die Pein
die **Peit|sche,** die Peitschen
die **Pel|le,** die Pellen, pellen, die Pellkartoffel
der **Pelz,** die Pelze
pen|deln, das Pendel
der **Pe|nis,** die Penisse
pen|nen
die **Pen|si|on** [sprich: pangsion], die Pensionen, pensioniert
das **Pen|sum,** die Pensen
Penzberg (BY)
per|fekt (zweite Silbe betont), die Perfektion
das **Per|fekt** (erste Silbe betont: 2. Vergangenheit)
die **Pe|ri|o|de,** die Perioden, periodisch
die **Per|le,** die Perlen
per|ma|nent
die **Per|son,** die Personen, die Persönlichkeit, das Personal, persönlich
die **Pe|rü|cke,** die Perücken
der **Pes|si|mist,** die Pessimisten, pessimistisch
Petershagen (NRW)
die **Pe|ter|si|lie**
das **Pe|tro|le|um**
pet|zen
der **Pfad,** die Pfade, der Pfadfinder

Pfungstadt

Pfaffenhofen an der Ilm (BY)

der **Pfahl,** die Pfähle

die **Pfalz** (deutsche Region), der Pfälzer, pfälzisch

das **Pfand,** die Pfänder

die **Pfan|ne,** die Pfannen

der **Pfar|rer,** die Pfarrer, die Pfarrerin

der **Pfau,** die Pfauen

der **Pfef|fer,** pfeffern

die **Pfef|fer|min|ze**

pfei|fen, er pfiff, er hat gepfiffen, die Pfeife

der **Pfeil,** die Pfeile

der **Pfei|ler,** die Pfeiler

das **Pferd,** die Pferde

der **Pfiff,** die Pfiffe

pfif|fig

Pfingst|ten

der **Pfir|sich,** die Pfirsiche

die **Pflan|ze,** die Pflanzen, pflanzen

das **Pflas|ter,** die Pflaster

die **Pflau|me,** die Pflaumen

pfle|gen, die Pflege

die **Pflicht,** die Pflichten, pflichtbewusst

der **Pflock,** die Pflöcke

pflü|cken

der **Pflug,** die Pflüge, pflügen

die **Pfor|te,** die Pforten, der Pförtner

der **Pfos|ten,** die Pfosten

die **Pfo|te,** die Pfoten

der **Pfrop|fen,** die Pfropfen

pfui

Pfullingen (BW)

das **Pfund,** die Pfunde, ein Pfund (1 Pfd.)

Pfungstadt (HE)

pfu|schen, der Pfusch

die **Pfüt|ze,** die Pfützen

die **Phan|ta|sie,** die Phantasien

der **Phi|lo|soph,** die Philosophen

die **Phra|se,** die Phrasen

die **Phy|sik,** physikalisch

der **Pi|ckel,** die Pickel

pi|cken

das **Pick|nick**

pie|pen, piepsen, der Piep

pier|cen

pi|kant

die **Pil|le,** die Pillen

der **Pi|lot,** die Piloten, die Pilotin

der **Pilz,** die Pilze

Pirmasens

der **Pin|gu|in,** die Pinguine
pink
Pinneberg (SH)
pin|nen, die Pinnwand
der **Pin|sel,** die Pinsel, pinseln
die **Pin|zet|te,** die Pinzetten
der **Pi|o|nier,** die Pioniere
das **Pi|pi**
der **Pi|rat,** die Piraten
Pirmasens (RP)
Pirna (SN)
pir|schen, die Pirsch
die **Pis|to|le,** die Pistolen
die **Piz|za,** die Pizzen / Pizzas, die Pizzeria
der **Pkw,** die Pkw (Personenkraftwagen)
(sich) **pla|gen,** er plagte (sich), die Plage
das **Pla|kat,** die Plakate
die **Pla|ket|te,** die Plaketten
der **Plan,** die Pläne
die **Pla|ne,** die Planen
pla|nen, die Planung
der **Pla|net,** die Planeten
plan|schen/plant|schen
plap|pern
plär|ren
die **Plas|te**
das **Plas|tik**
plat|schen
plät|schern
platt, die Platte, der Platten, plätten
das **Platt,** er spricht Platt
der **Platz,** die Plätze, Platz nehmen
das **Plätz|chen,** die Plätzchen
plat|zen
plau|dern, die Plauderei
die **Plei|te,** die Pleiten, pleite sein
Plettenberg (NRW)
die **Plom|be,** die Plomben, plombieren
plötz|lich
plump
plump|sen
der **Plu|ral** (die Mehrzahl)
plus
po|chen
die **Po|cke,** die Pocken
das **Po|di|um,** die Podien
die **Po|e|sie,** das Poesiealbum
Pohlheim (HE)
der **Po|kal,** die Pokale
der **Pol,** die Pole
Po|len, die Polen, polnisch

Potsdam

die **Po|li|tik,** der Politiker, politisch
die **Po|li|zei,** der Polizist
der **Pol|len,** die Pollen
das **Pols|ter,** die Polster, polstern
pol|tern
die **Pom|mes,** die Pommes frites [sprich: pomm fritt]
das **Po|ny,** die Ponys
die **Pop|mu|sik**
der **Po|po,** die Popos
po|pu|lär, die Popularität
die **Po|re,** die Poren
po|rös
Porta Westfalica (NRW)
das **Por|tal,** die Portale
der **Por|tier** [sprich: portjee], die Portiers
die **Por|ti|on,** die Portionen
das **Port|mo|nee,** die Portmonees
das **Por|to,** die Portos/die Porti
das **Por|zel|lan**
die **Po|sau|ne,** die Posaunen
die **Po|si|ti|on,** die Positionen
po|si|tiv

die **Post,** die Postboten
der **Pos|ten,** die Posten
das **Pos|ter,** die Poster
Pots|dam (Hauptstadt von Brandenburg)
die **Pracht,** prächtig
das **Prä|di|kat,** die Prädikate (Satzaussage)
prä|gen, die Prägung
prah|len
prak|tisch
die **Pra|li|ne,** die Pralinen
prall
pral|len
die **Prä|mie,** die Prämien
die **Pran|ke,** die Pranken
das **Prä|sens** (Gegenwartsform)
der **Prä|si|dent,** die Präsidenten
pras|seln
das **Prä|te|ri|tum** (1. Vergangenheit)
die **Pra|xis**
prä|zis/prä|zi|se
pre|di|gen, die Predigt
Preetz (SH)
der **Preis,** die Preise
prei|sen, er pries, er hat gepriesen
prel|len, die Prellung

Prenzlau (BB)
die **Pres|se,** die Pressen
pres|sen
der **Pries|ter,** die Priester
pri|ma
die **Pri|mel,** die Primeln
pri|mi|tiv
der **Prinz,** die Prinzen, die Prinzessin
pri|vat
pro (pro Stück 1 €)
die **Pro|be,** die Proben, probieren
das **Pro|blem,** die Probleme
pro|du|zie|ren, das Produkt, die Produktion
der **Pro|fes|sor,** die Professoren, die Professorin
der **Pro|fi,** die Profis
das **Pro|gramm,** die Programme
das **Pro|jekt,** die Projekte
pro|mi|nent
prompt
das **Pro|no|men,** die Pronomen (Fürwort)
der **Pro|pel|ler,** die Propeller
der **Pro|phet,** die Propheten, prophezeien

die **Pro|sa**
der **Pro|spekt,** die Prospekte
prost!
der **Pro|test,** die Proteste, protestieren, der Protestant
die **Pro|the|se,** die Prothesen
das **Pro|to|koll,** die Protokolle, protokollieren
der **Pro|vi|ant**
die **Pro|vinz,** die Provinzen
pro|vi|so|risch
pro|vo|zie|ren, die Provokation
das **Pro|zent,** die Prozente
der **Pro|zess,** die Prozesse, prozessieren
die **Pro|zes|si|on,** die Prozessionen
prü|fen, sie prüfte, die Prüfung
prü|geln, die Prügel, die Prügelei
prus|ten
der **Psalm,** die Psalmen
psy|chisch
die **Pu|ber|tät**
das **Pu|bli|kum**
Puchheim (BY)

Quickborn

der **Pudding,** die Puddinge/Puddings
der **Pudel,** die Pudel
die **Pudelmütze,** die Pudelmützen
der/das **Puder,** die Puder
der **Pulli,** die Pullis
der **Pullover,** die Pullover
der **Puls,** die Pulse, pulsieren
das **Pult,** die Pulte
das **Pulver,** die Pulver
die **Pumpe,** die Pumpen, pumpen
der **Punkt,** die Punkte, das Punktspiel, pünktlich
die **Pupille,** die Pupillen
die **Puppe,** die Puppen
pur
das **Püree,** die Pürees
purzeln, der Purzelbaum
pusten, die Puste
Püttlingen (SL)
putzen, der Putz
das **Puzzle** [sprich: pasl], die Puzzles
der **Pyjama** [sprich: püdschama], die Pyjamas
die **Pyramide,** die Pyramiden
Pyrmont, Bad (NI)

Qu qu

das **Quadrat,** die Quadrate
quadratisch
quaken
quälen, die Qual, die Quälerei
qualifiziert, die Qualifikation
die **Qualität,** die Qualitäten
die **Qualle,** die Quallen
der **Qualm,** qualmen
der **Quark**
das **Quartal**
das **Quartett,** die Quartette
das **Quartier,** die Quartiere
quasseln
quatschen, der Quatsch
Quedlinburg (ST)
die **Quelle,** die Quellen
quer, der Querschnitt
quetschen, die Quetschung
Quickborn (SH)
quieken
quietschen
der **Quirl,** die Quirle, quirlen
die **Quittung,** die Quittungen, quittieren
das **Quiz**

Rahden

Ra bis **Ra**

R r

der **Ra|batt,** die Rabatte
der **Ra|be,** die Raben
ra|bi|at
die **Ra|che,** rächen, der Rächer
der **Ra|chen,** die Rachen
das **Rad,** die Räder
der/das **Ra|dar**
Radeberg (SN)
Radebeul (SN)
der **Rä|dels|füh|rer,** die Rädelsführer
Radevormwald (NRW)
Rad fah|ren, er fährt Rad, sie fuhr Rad, er ist Rad gefahren, der Radfahrer
ra|die|ren, der Radiergummi
das **Ra|dies|chen,** die Radieschen
ra|di|kal
das **Ra|dio,** die Radios
der **Ra|di|us,** die Radien
Radolfzell am Bodensee (BW)
raf|fen, die Raffgier
raf|fi|niert
ra|gen
Rahden (NRW)
der **Rahm**
der **Rah|men,** die Rahmen
sich **rä|keln,** sie räkelte sich
die **Ra|ke|te,** die Raketen
die **Ral|lye** [sprich: rälli], die Rallyes
der **Ra|ma|dan**
ram|men, die Ramme
die **Ram|pe,** die Rampen
der **Ramsch,** ramschen
der **Rand,** die Ränder
die **Ran|da|le,** randalieren
der **Rang,** die Ränge
ran|gie|ren [sprich: rang~~sch~~ieren]
die **Ran|ke,** die Ranken, ranken
der **Ran|zen,** die Ranzen
ran|zig
der **Rap** [sprich: räp], der Rapper
der **Rap|pe,** die Rappen
Rappenau, Bad (BW)
der **Raps**
rar, die Rarität
ra|sant
rasch
ra|scheln
ra|sen

Ratingen

der **Ra|sen,** die Rasen
ra|sie|ren, der Rasierapparat
die **Ras|pel,** die Raspeln
die **Ras|se,** die Rassen
die **Ras|sel,** die Rasseln, rasseln
Rastatt (BW)
ras|ten, die Raststätte
der **Rat,** die Ratschläge, das Rathaus
die **Ra|te,** die Raten
ra|ten, er rät, er riet, er hat geraten, der Rat
Rathenow (BB)
die **Ra|ti|on,** die Rationen
das **Rät|sel,** die Rätsel, rätselhaft
die **Rat|te,** die Ratten
rat|tern
rau, der Raureif
der **Raub,** der Räuber, rauben
der **Rauch,** rauchen, räuchern
rauf und runter
rau|fen, die Rauferei
der **Raum,** die Räume, räumen, die Raumfahrt
die **Rau|pe,** die Raupen
der **Rau|reif**

raus

alles zusammen

raus-
rausfahren, **raus**fallen, **raus**fliegen usw.

rau|schen
das **Rausch|gift**
sich **räus|pern,** er räusperte sich
Ravensburg (BW)
die **Raz|zia,** die Razzien
re|agie|ren, die Reaktion
re|al, die Realität
die **Re|be,** die Reben
der **Re|chen,** die Rechen
die **Re|chen|schaft,** Rechenschaft ablegen
rech|nen
die **Rech|nung,** die Rechnungen
das **Recht,** die Rechte, der Rechtsanwalt
recht, es ist mir recht, ich habe recht
das **Recht|eck,** die Rechtecke, rechteckig
rechts und links, rechts des Rheins
die **Recht|schrei|bung,** rechtschreiben

A B C D E F G H I J K L M N O P Q **R** S T U V W X Y Z

recht|zei|tig
re|cken, das Reck
Recklinghausen (NRW)
re|cy|celn [sprich: rißeikeln], er recycelte
der **Re|dak|teur** [sprich: redaktöhr], die Redakteure, die Redakteurin
re|den, die Rede, der Redner
red|lich, die Redlichkeit
Rees (NRW)
das **Re|fe|rat,** die Referate
re|flek|tie|ren, der Reflektor
die **Re|for|ma|ti|on**
re|for|mie|ren, die Reform
der **Re|frain** [sprich: refr~~eng~~], die Refrains
das **Re|gal,** die Regale
re|ge
die **Re|gel,** die Regeln, die Regelung, regeln, regelmäßig, regelrecht
die **Re|gel|blu|tung,** die Regelblutungen
sich **re|gen,** sie regte sich
der **Re|gen,** der Regenwurm, das Regenwetter
die **Re|gie** [sprich: re~~sch~~ie]

re|gie|ren, die Regierung
die **Re|gi|on,** die Regionen
der **Re|gis|seur** [sprich: re~~sch~~issör], die Regisseure
reg|nen
das **Reh,** die Rehe
rei|ben, sie rieb, sie hat gerieben, die Reibung
reich, reichlich, der Reichtum
das **Reich,** die Reiche
rei|chen
Reichenbach im Vogtland (SN)
Reichenhall, Bad (BY)
reif, reifen, die Reife, reiflich
der **Reif**
der **Rei|fen,** die Reifen
der **Rei|gen,** die Reigen
die **Rei|he,** die Reihen, sie ist an der Reihe
der **Reim,** die Reime, reimen
rein, die Reinheit

alles zusammen

rein-
reinfallen, **rein**gehen, **rein**holen, **rein**tun usw.

Reinbek (SH)

Remscheid

Reinheim (HE)
rei|ni|gen,
die Reinigung, reinlich
der **Reis,** der Reispudding
das **Reis,** das Reisig
rei|sen, die Reise
Reiß|aus neh|men,
er nahm Reißaus
rei|ßen, sie riss,
sie hat gerissen, der Riss,
der Reißverschluss
rei|ten, er ritt,
er ist geritten /
sie hat geritten, der Ritt
rei|zen, der Reiz, reizend
die **Re|kla|me,**
die Reklamen
re|kla|mie|ren,
die Reklamation
der **Re|kord,**
die Rekorde
der **Re|kor|der,**
die Rekorder
der **Rek|tor,** die Rektoren
re|la|tiv,
es ist relativ teuer
die **Re|li|gi|on,**
die Religionen, religiös
Remagen (RP)
re|mis [sprich: remie],
das Remis

rem|peln, die Rempelei
Remseck
am Neckar (BW)
Rendsburg (SH)
ren|nen, er rannte,
er ist gerannt,
das Rennen
Renningen (BW)
re|no|vie|ren,
die Renovierung
die **Ren|te,** die Renten
sich **ren|tie|ren,**
es rentierte sich
re|pa|rie|ren,
die Reparatur
die **Re|por|ta|ge**
[sprich: reportasche],
die Reportagen,
der Reporter
das **Rep|til,** die Reptilien
die **Re|pu|blik,**
die Republiken
die **Re|ser|ve,** die Reserven
re|ser|vie|ren,
die Reservierung
re|sig|nie|ren,
die Resignation
re|so|lut
der **Res|pekt,** respektieren,
respektlos
der **Rest,** die Reste

A B C D E F G H I J K L M N O P Q R S T U V W X Y Z

Rheine

das **Res|tau|rant** [sprich: restor~~ang~~], die Restaurants
das **Re|sul|tat,** die Resultate
ret|ten, die Rettung
der **Ret|tich,** die Rettiche
reu|en, es reute mich, es reute ihn und sie, die Reue, reumütig
die **Re|van|che** [sprich: rev~~an~~sch]
das **Re|vier,** die Reviere
die **Re|vo|lu|ti|on,** die Revolutionen
das **Re|zept,** die Rezepte
der **Rha|bar|ber**
Rheda-Wiedenbrück (NRW)
Rhede (NRW)
der **Rhein**
Rheinbach (NRW)
Rheinberg (NRW)
Rheinfelden (Baden) (BW)
das **Rhein|land,** die Rheinländer, rheinländisch
Rhein|land-Pfalz (Bundesland), die Rheinland-Pfälzer, rheinland-pfälzisch

Rheinstetten (BW)
das **Rheu|ma,** rheumatisch
der **Rhyth|mus,** die Rhythmen, rhythmisch
Ribnitz-Damgarten (MV)
rich|ten, die Richter
rich|tig
die **Rich|tung,** die Richtungen
rie|chen, es roch, es hat gerochen
Riedstadt (HE)
sie **rief** (von rufen)
die **Rie|ge,** die Riegen
der **Rie|gel,** die Riegel
der **Rie|men,** die Riemen
Riesa (SN)
der **Rie|se,** die Riesen
rie|seln
rie|sig
Rietberg (NRW)
die **Ril|le,** die Rillen
das **Rind,** die Rinder
die **Rin|de,** die Rinden
der **Ring,** die Ringe
rin|gen, er rang, er hat gerungen, der Ringkampf
rings, ringsumher
rin|nen, es rann, es ist geronnen, die Rinne

Rostock

Rinteln (NI)
die **Rip|pe,** die Rippen
das **Ri|si|ko,** die Risiken/ Risikos, riskieren, riskant
er **riss** (von reißen), der Riss
der **Ritt,** die Ritte, rittlings
der **Rit|ter,** die Ritter
die **Rit|ze,** die Ritzen, ritzen
der **Ri|va|le,** die Rivalität
die **Rob|be,** die Robben (Seehund)
der **Ro|bo|ter,** die Roboter
ro|bust
rö|cheln
der **Rock,** die Röcke
die **Rock|mu|sik,** Rock and Roll, rocken, der Rocker
ro|deln
ro|den, die Rodung
Rödermark (HE)
Rodgau (HE)
der **Rog|gen**
roh, die Rohheit, die Rohkost
das **Rohr,** die Rohre, die Röhre
der **Roh|stoff,** die Rohstoffe
die **Rol|le,** die Rollen, der Roller, der Rollladen, die Rollerblades
rol|len
rol|lig
das **Rol|lo,** die Rollos
der **Ro|man,** die Romane
ro|man|tisch
der **Rö|mer,** die Römer, römisch
Ronnenberg (NI)
rönt|gen, er hat geröntgt
ro|sa, ein rosa Kleid, rosé
die **Ro|se,** die Rosen, rosig
Rosenheim (BY)
die **Ro|si|ne,** die Rosinen
Rösrath (NRW)
das **Ross,** die Rosse/Rösser
der **Rost,** rosten, rostig
der **Rost,** die Roste (Gitter), rösten
rot, röter/roter, am rötesten, das Rote Kreuz, Rote Bete, bei Rot anhalten
die **Rö|teln**
ro|tie|ren
der **Rot|kohl**
der **Ro|tor,** die Rotoren
Rottenburg am Neckar (BW)
Rottweil (BW)
die **Rou|te,** die Routen

A B C D E F G H I J K L M N O P Q **R** S T U V W X Y Z

Rudolstadt

die **Rou|ti|ne,** routiniert
der **Row|dy** [sprich: raudi], die Rowdys
rub|beln
die **Rü|be,** die Rüben
der **Ruck,** rucken, ruckartig
rü|cken
der **Rü|cken,** die Rücken, das Rückgrat, die Rückkehr, der Rücktritt, rückfällig
der **Ruck|sack,** die Rucksäcke
die **Rück|sicht,** rücksichtslos
rück|wärts
der **Rück|zug**
der **Rü|de,** die Rüden
das **Ru|del,** die Rudel
das **Ru|der,** die Ruder, rudern
Rudolstadt (TH)
ru|fen er rief, er hat gerufen, der Ruf
die **Rü|ge,** die Rügen, rügen
die **Ru|he,** ruhen, ruhig
der **Ruhm,** rühmen, berühmt
rüh|ren
die **Ru|i|ne,** die Ruinen
rülp|sen, der Rülpser

alles zusammen

rum-
rumdrehen, **rum**fahren, **rum**laufen usw.

der **Rum|mel**
rum|peln
der **Rumpf,** die Rümpfe
rümp|fen, er rümpfte die Nase
rund, die Runde, der Rundfunk
run|ter

alles zusammen

run|ter-
runterfallen, **runter**lassen usw.

run|ter|hau|en, sie haute ihm eine runter
die **Run|zel,** die Runzeln, die Stirn runzeln
der **Rü|pel,** die Rüpel
rup|fen
der **Ruß,** rußen, rußig
der **Rüs|sel,** die Rüssel
Rüsselsheim (HE)
Russ|land, die Russen, russisch
rüs|ten, die Rüstung
rüs|tig
die **Ru|te,** die Ruten
rut|schen, die Rutsche, die Rutschbahn, rutschig
rüt|teln, sie rüttelte

Sachsenheim

Sa bis **Sa**

S s

der **Saal,** die Säle

Saalfeld / Saale (TH)

Saar|brü|cken (Hauptstadt des Saarlands)

das **Saar|land** (Bundesland), die Saarländer, saarländisch

Saarlouis (SL)

die **Saat,** die Saaten

die **Sa|che,** die Sachen, sachlich, sächlich

die **Sach|kun|de**

Sach|sen (Bundesland), die Sachsen, sächsisch

Sach|sen-An|halt (Bundesland), die Sachsen-Anhalter, ein Sachsen-Anhalter Ort

Sachsenheim (BW)

sacht

der **Sach|un|ter|richt**

der **Sack,** die Säcke

Säckingen, Bad (BW)

sä|en

der/das **Safe** [sprich: ßäif], die Safes

der **Saft,** die Säfte, saftig

die **Sa|ge,** die Sagen, sagenhaft

die **Sä|ge,** sägen

sa|gen

ich **sah** (von sehen)

die **Sah|ne,** sahnig

die **Sai|son** [sprich: säsong]

die **Sai|te,** die Saiten der Geige

das **Sa|kra|ment,** die Sakramente

der **Sa|la|man|der,** die Salamander

die **Sa|la|mi,** die Salamis

der **Sa|lat,** die Salate

die **Sal|be,** die Salben, salben

der **Sal|to,** die Saltos / Salti

das **Salz,** die Salze, salzen, salzig

Salzgitter (NI)

Salzkotten (NRW)

Salzuflen, Bad (NRW)

Salzungen, Bad (TH)

Salzwedel (ST)

der **Sa|me** / Sa|men, die Samen, die Samenzelle

sam|meln, die Sammlung

der **Sams|tag,** die Samstage

der **Samt**

samt, sämtlich

das **Sa|na|to|ri|um,** die Sanatorien
der **Sand,** sandig
die **San|da|le,** die Sandalen
Sandersdorf-Brehna (ST)
sanft, sanftmütig
der **Sän|ger,** die Sänger, die Sängerin
Sangerhausen (ST)
sa|nie|ren
sa|ni|tär, die sanitären Anlagen
der **Sa|ni|tä|ter,** die Sanitäter
der **Sarg,** die Särge
Sarstedt (NI)
sie **saß** (von sitzen)
der **Sa|tan**
der **Sa|tel|lit,** die Satelliten
satt, sättigen, gesättigt
der **Sat|tel,** die Sättel, satteln
der **Satz,** die Sätze, das Satzglied
die **Satz|aus|sa|ge,** die Satzaussagen (Prädikat)
die **Sat|zung,** die Satzungen
die **Sau,** die Säue/Sauen, die Sauerei
sau|ber, die Sauberkeit, die Säuberung, säubern
sau|ber ma|chen, er machte sauber
die **Sau|ce** [sprich: soße/sooß], die Saucen
sau|er, die Säure, säuerlich
das **Sau|er|kraut**
der **Sau|er|stoff**
sau|fen, er soff, er hat gesoffen, der Säufer
sau|gen, er saugte/er sog, er hat gesaugt/gesogen
das **Säu|ge|tier,** die Säugetiere
der **Säug|ling,** die Säuglinge
die **Säu|le,** die Säulen
Saulgau, Bad (BW)
der **Saum,** die Säume
die **Sau|na,** die Saunas/Saunen
die **Säu|re,** die Säuren
der **Sau|ri|er,** die Saurier
säu|seln
sau|sen
die **S-Bahn,** die S-Bahnen
der **Scan|ner** [sprich: scänner], die Scanner

scha|ben
schä|big
die **Scha|blo|ne,** die Schablonen
das **Schach|spiel**
der **Schacht,** die Schächte
die **Schach|tel,** die Schachteln
der **Schä|del,** die Schädel
scha|den, wie schade!, der Schaden
schä|di|gen, schädlich, der Schädling
das **Schaf,** die Schafe, der Schäfer
der **Schä|fer|hund,** die Schäferhunde
schaf|fen, er schaffte Platz, er schuf ein Kunstwerk
der **Schaff|ner,** die Schaffner, die Schaffnerin
der **Schal,** die Schals/Schale
schä|len, die Schale
der **Schall,** schallen, die Schallwellen
schal|ten, der Schalter, die Schaltung
die **Scham,** sich schämen, schamlos, schamhaft
die **Schan|de,** schändlich
die **Schar,** die Scharen
scharf, schärfer, am schärfsten, die Schärfe, schärfen
der **Schar|lach**
das **Schar|nier,** die Scharniere
schar|ren
die **Schar|te,** die Scharten
der **Schat|ten,** die Schatten, schattig
der **Schatz,** die Schätze
schät|zen, schätzungsweise
der **Schau|der,** schauderhaft
schau|en, die Schau, der Schauspieler
der **Schau|er,** die Schauer
schau|er|lich, schaurig
die **Schau|fel,** die Schaufeln, schaufeln
das **Schau|fens|ter,** die Schaufenster
die **Schau|kel,** die Schaukeln, schaukeln
der **Schaum,** schäumen
schau|rig
das **Schau|spiel,** die Schauspiele, der Schauspieler
der **Scheck,** die Schecks

sche|ckig
die **Schei|be,** die Scheiben
die **Schei|de,** die Scheiden
schei|den, er schied, er ist geschieden, die Scheidung
der **Schein,** die Scheine
schein|bar
schei|nen, sie schien, sie hat geschienen, der Scheinwerfer
der **Schei|tel,** die Scheitel
schei|tern
die **Schel|le,** die Schellen
schel|len
schel|ten, er schalt, er hat gescholten
der **Sche|mel,** die Schemel
Schenefeld (SH)
der **Schen|kel,** die Schenkel
schen|ken
die **Scher|be,** die Scherben
die **Sche|re,** die Scheren
(sich) **scher|en,** sie scherte (sich), Scherereien machen
der **Scherz,** die Scherze, scherzen, scherzhaft
scheu, die Scheu
scheu|chen
scheu|en
scheu|ern
das **Scheu|er|tuch**
die **Scheu|ne,** die Scheunen
das **Scheu|sal,** die Scheusale
scheuß|lich
der **Schi,** die Schier/Schi, Schi fahren
die **Schicht,** die Schichten
schick
schi|cken
das **Schick|sal,** die Schicksale
schie|ben, er schob, sie hat geschoben, die Schiebung
der **Schieds|rich|ter,** die Schiedsrichter, die Schiedsrichterin
schief
der **Schie|fer**
schie|len
das **Schien|bein,** die Schienbeine
die **Schie|ne,** die Schienen, schienen
schie|ßen, sie schoss, sie hat geschossen, der Schuss
das **Schiff,** die Schiffe, der Schiffbruch, die Schifffahrt, schiffbar

die **Schikane,**
die Schikanen,
schikanieren
der **Schild,** die Schilde
(des Ritters)
das **Schild,** die Schilder
(Verkehrsschild)
die **Schildbürger**
schildern,
die Schilderung
die **Schildkröte,**
die Schildkröten
das **Schilf**
schillern
der **Schimmel,** die Schimmel
(weißes Pferd)
der **Schimmel** (Pilz),
schimmeln,
schimmelig / schimmlig
schimmern, der Schimmer
der **Schimpanse,**
die Schimpansen
schimpfen,
das Schimpfwort
die **Schindel,** die Schindeln
der **Schinken,** die Schinken
der **Schirm,** die Schirme
Schkeuditz (SN)
schlachten, die Schlacht
die **Schlacke,** die Schlacken
schlackern

die **Schläfe,** die Schläfen
schlafen, sie schlief,
sie hat geschlafen,
der Schlaf, der Schläfer,
schläfrig
schlaff
schlagen, er schlägt,
er schlug,
er hat geschlagen,
der Schlag, der Schläger,
schlagartig
der **Schlager,** die Schlager
die **Schlagzeile,**
die Schlagzeilen
der/das **Schlamassel**
der **Schlamm,** schlammig
schlampig,
die Schlamperei
die **Schlange,**
die Schlangen,
Schlange stehen,
sich schlängeln
schlank
schlapp, schlappmachen
das **Schlaraffenland**
schlau, die Schlauheit,
die Schläue
der **Schlauch,** die Schläuche
die **Schlaufe,** die Schlaufen
schlecht,
die Schlechtigkeit

Schleswig

schlei|chen, sie schlich, er ist geschlichen

der **Schlei|er,** die Schleier, schleierhaft

die **Schlei|fe,** die Schleifen

schlei|fen, er schliff, er hat geschliffen

der **Schleim,** schleimen, schleimig

schlen|dern

schlen|kern

schlen|zen

schlep|pen, der Schlepper, die Schleppe

Schles|wig-Hol|stein (Bundesland), die Schleswig-Holsteiner, schleswig-holsteinisch

schleu|dern, die Schleuder

schleu|nigst

die **Schleu|se,** die Schleusen, schleusen

schlicht

schlich|ten, die Schlichtung

der **Schlick**

schlie|ßen, er schloss, er hat geschlossen

schließ|lich

der **Schliff,** geschliffen

schlimm

die **Schlin|ge,** die Schlingen

schlin|gen, er schlang, er hat geschlungen

der **Schlit|ten,** die Schlitten

der **Schlitt|schuh,** die Schlittschuhe

der **Schlitz,** die Schlitze, schlitzen

das **Schloss,** die Schlösser

der **Schlos|ser,** die Schlosser

Schloß Holte-Stukenbrock (NRW)

schlot|tern

die **Schlucht,** die Schluchten

Schlüchtern (HE)

schluch|zen

der **Schluck|auf**

schlu|cken, der Schluck

schlum|mern, der Schlummer

schlüp|fen, der Schlüpfer

schlur|fen

schlür|fen

der **Schluss,** die Schlüsse

der **Schlüs|sel,** die Schlüssel

das **Schlüs|sel|bein**

die **Schmach**

schmäch|tig

schmack|haft

schmä|hen
schmal
Schmalkalden (TH)
der **Schmalz,** schmalzig
der **Schma|rot|zer,**
die Schmarotzer
schmat|zen
schmau|sen, der Schmaus
schme|cken
schmei|cheln,
schmeichelhaft,
die Schmeichelei
schmei|ßen, sie schmiss,
er hat geschmissen
schmel|zen,
es schmilzt, es schmolz,
es ist geschmolzen
der **Schmerz,** die Schmerzen,
schmerzen, schmerzlich,
schmerzhaft, schmerzlos
der **Schmet|ter|ling,**
die Schmetterlinge
schmet|tern
der **Schmied,** die Schmiede,
schmieden
schmie|ren, die Schmiere,
schmierig
die **Schmin|ke,** schminken
schmir|geln
der **Schmö|ker,**
die Schmöker, schmökern

schmol|len
schmo|ren
schmü|cken, der Schmuck
schmud|de|lig
schmug|geln,
der Schmuggler
schmun|zeln
schmu|sen
der **Schmutz,** schmutzig
der **Schna|bel,** die Schnäbel
die **Schnal|le,**
die Schnallen, schnallen
schnal|zen
schnap|pen
der **Schnaps,** die Schnäpse
schnar|chen
schnat|tern
schnau|ben
schnau|fen
die **Schnau|ze,** die Schnauzen
schnau|zen
die **Schne|cke,** die Schnecken
der **Schnee,** schneeweiß,
der Schneeball
Schneeberg (SN)
das **Schnee|glöck|chen,**
die Schneeglöckchen
schnei|den, er schnitt,
er hat geschnitten,
der Schnitt,
der Schneidezahn

Schneverdingen

der **Schnei|der,** die Schneider, die Schneiderin
schnei|en
schnell, schneller, am schnellsten, die Schnelligkeit
schnip|pisch
der **Schnip|sel,** die Schnipsel
der **Schnitt,** die Schnitte
die **Schnit|te,** die Schnitten
der **Schnitt|lauch**
das **Schnit|zel,** die Schnitzel, die Schnitzeljagd
schnit|zen
der **Schnor|chel,** die Schnorchel
der **Schnul|ler,** die Schnuller
der **Schnup|fen,** schnupfen
schnup|pern
die **Schnur,** die Schnüre
schnü|ren, der Schnürsenkel
der **Schnurr|bart,** die Schnurrbärte
schnur|ren
schnurz|piep|egal
der **Schock,** die Schocks, schockiert
die **Scho|ko|la|de,** die Schokoladen

die **Schol|le,** die Schollen
schon wieder
schön, die Schönheit, etwas Schönes
Schönebeck (Elbe) (ST)
scho|nen, die Schonung
schöp|fen, der Schöpfer, die Schöpfung
Schopfheim (BW)
der **Schorf**
der **Schorn|stein,** die Schornsteine
Schortens (NI)
der **Schoß,** die Schöße
die **Scho|te,** die Schoten
der **Schot|ter**
schräg, die Schräge
Schramberg (BW)
die **Schram|me,** die Schrammen, schrammen
der **Schrank,** die Schränke
die **Schran|ke,** die Schranken
die **Schrau|be,** die Schrauben, schrauben, der Schraubenzieher
der **Schreck**/Schre|cken
schreck|lich
der **Schrei,** die Schreie

Schulzendorf

schrei|ben,
du schreibst, er schrieb,
sie hat geschrieben,
der Schreiber

der **Schreib|tisch,**
die Schreibtische

schrei|en, sie schrie,
er hat geschrien

der **Schrei|ner,** die Schreiner

schrei|ten, er schritt,
er ist geschritten

die **Schrift,** die Schriften,
schriftlich

schrill, schrillen

der **Schritt,** die Schritte

Schrobenhausen (BY)

schroff

der/das **Schrot,** schroten

der **Schrott,** verschrotten

schrump|fen

der **Schub,** die Schubkarre,
die Schublade

schub|sen, der Schubs

schüch|tern,
die Schüchternheit

der **Schuft,** die Schufte

schuf|ten

der **Schuh,** die Schuhe

die **Schuld,** die Schulden,
er hat Schuld,
sie ist schuldig

der **Schuld|ner,**
die Schuldner

die **Schu|le,** die Schulen,
die Schularbeit

der **Schü|ler,** die Schüler,
die Schülerin

der **Schul|ran|zen,**
die Schulranzen

die **Schul|ter,** die Schultern,
schultern

schum|meln

der **Schund**

schun|keln

der **Schup|pen,**
die Schuppen

der **Schur|ke,**
die Schurken

die **Schür|ze,**
die Schürzen

der **Schuss,**
die Schüsse

die **Schüs|sel,**
die Schüsseln

der **Schus|ter,**
die Schuster

der **Schutt**

schüt|teln

schüt|ten

der **Schüt|ze,** die Schützen

schüt|zen, der Schutz

Schwabach (BY)

Schwerin

die **Schwa|ben,** schwäbisch
Schwäbisch Hall (BW)
schwach, die Schwäche, schwächlich
der **Schwa|ger,** die Schwägerin
die **Schwal|be,** die Schwalben
Schwalmstadt (HE)
der **Schwamm,** die Schwämme, schwammig
der **Schwan,** die Schwäne
Schwandorf (BY)
schwan|ger, die Schwangerschaft
schwan|ken, die Schwankung
der **Schwanz,** die Schwänze
schwän|zen
der **Schwarm,** die Schwärme, schwärmen
Schwartau, Bad (SH)
schwarz, schwärzer, am schwärzesten, schwarz auf weiß, sich schwarzärgern, schwarzfahren, die Schwarzen
Schwarzenbek (SH)
Schwarzenberg / Erzgeb. (SN)
schwat|zen
schwät|zen
schwe|ben
Schwedt / Oder (BB)
der **Schwe|fel**
der **Schweif,** die Schweife
schwei|gen, er schwieg, sie hat geschwiegen
das **Schwein,** die Schweine
Schweinfurt (BY)
der **Schweiß**
schwei|ßen, der Schweißer
die **Schweiz,** die Schweizer, schweizerisch
schwel|len, es schwillt, es schwoll, es ist geschwollen, die Schwellung, die Schwelle
Schwelm (NRW)
schwen|ken
schwer, schwerhörig
Schwe|rin (Hauptstadt von Mecklenburg-Vorpommern)
die **Schwer|kraft**
schwer|lich
das **Schwert,** die Schwerter

Schwerte

Schwerte (NRW)
die **Schwes|ter,** die Schwestern
Schwetzingen (BW)
die **Schwie|ger|el|tern**
die **Schwie|le,** die Schwielen, schwielig
schwie|rig, die Schwierigkeit
schwim|men, sie schwamm, er ist geschwommen, der Schwimmer
der **Schwin|del,** schwindlig / schwindelig, schwindelfrei
schwin|deln, sie schwindelte, der Schwindler
schwin|gen, er schwang, er hat geschwungen, die Schwingung
schwir|ren
schwit|zen, du schwitzt
schwö|ren, er schwor, er hat geschworen, der Schwur
schwül, die Schwüle
der **Schwung,** die Schwünge
der **Schwur,** die Schwüre

sechs, sechzehn, sechzig (ohne s!)
der **See,** die Seen
die **See** (das Meer), seekrank
der **See|hund,** die Seehunde
die **See|le,** die Seelen, seelisch
Seesen (NI)
Segeberg, Bad (SH)
das **Se|gel,** die Segel, segeln, das Segelboot, das Segelschiff
seg|nen, der Segen
se|hen, sie sieht, sie sah, sie hat gesehen, sieh mal!
Sehnde (NI)
die **Seh|ne,** die Sehnen
sich **seh|nen,** er sehnte sich, die Sehnsucht, sehnsüchtig
sehr, sehr gut
seicht
ihr **seid** (von sein), ihr seid hier
die **Sei|de,** die Seiden, ein seidenes Kleid
die **Sei|fe,** die Seifen
das **Seil,** die Seile
sein, froh sein
sei|ner|zeit

Senftenberg

Se bis **Se**

seit gestern
seit|dem
die **Sei|te,** die Seiten, seitenlang, seitwärts
der **Se|kre|tär,** die Sekretäre, die Sekretärin, das Sekretariat
der **Sekt**
die **Sek|te,** die Sekten
die **Se|kun|de,** die Sekunden
Selb (BY)
sel|ber, selbst
selb|stän|dig
die **Selbst|be|die|nung**
selbst|be|wusst
der **Selbst|laut,** die Selbstlaute
selbst|stän|dig
selbst|ver|ständ|lich
se|lig, die Seligkeit
der/die **Sel|le|rie**
sel|ten, die Seltenheit
selt|sam
das **Se|mi|ko|lon,** die Semikolons
die **Sem|mel,** die Semmeln
Senden (BY)
sen|den, er sandte/sendete, sie hat gesandt/gesendet, die Sendung

der **Senf**
Senftenberg (BB)
der **Se|ni|or,** die Senioren, die Seniorin
sen|ken
senk|recht
die **Sen|sa|ti|on,** die Sensationen, sensationell
die **Sen|se,** die Sensen
sen|si|bel
sen|ti|men|tal
der **Sep|tem|ber**
die **Se|rie,** die Serien
se|ri|ös
die **Ser|pen|ti|ne,** die Serpentinen
der **Ser|vice** [sprich: ßörwiß], (erste Silbe betont: Kundendienst)
das **Ser|vice** [sprich: serwieß], (zweite Silbe betont: Essgeschirr)
ser|vie|ren, er servierte
die **Ser|vi|et|te,** die Servietten
der **Ses|sel,** die Sessel
der/das **Set,** die Sets
(sich) **set|zen,** sie setzte (sich)
die **Seu|che,** die Seuchen
seuf|zen, der Seufzer

Sinzig

die **Se|xu|a|li|tät,** sexuell
das **Sham|poo** [sprich: schampu], die Shampoos
das **Shirt** [sprich: schört], die Shirts
der **Shop** [sprich: schop], die Shops
die **Shorts** [sprich: schorts]
die **Show** [sprich: schou], die Shows
sich
die **Si|chel,** die Sicheln
si|cher, die Sicherheit, sicherheitshalber
si|chern
die **Sicht,** sichtbar, sichtlich
si|ckern
sie, sie und er
das **Sieb,** die Siebe, sieben
sie|ben, siebzig
sie|den, siedend heiß, der Siedepunkt
die **Sied|lung,** die Siedlungen
Siegburg (NRW)
das **Sie|gel,** die Siegel
sie|gen, der Sieg, Sieger und Siegerin, siegreich
du **siehst** (von sehen)
sie **sieht** (von sehen)
sie|zen, er siezte sie
Sigmaringen (BW)
das **Sig|nal,** die Signale, signalisieren
die **Sil|be,** die Silben, das Silbenrätsel
das **Sil|ber,** silbern, silbrig/silberig
das **Sil|ves|ter**
sim|pel
sim|sen
si|mu|lie|ren, der Simulant
wir **sind** (von sein)
Sindelfingen (BW)
Singen (Hohentwiel) (BW)
sin|gen, sie sang, sie hat gesungen
der **Sin|gu|lar** (die Einzahl)
der **Sing|vo|gel,** die Singvögel
sin|ken, sie sank, sie ist gesunken
der **Sinn,** die Sinne, die Sinnesorgane
Sinsheim (BW)
die **Sin|ti und Ro|ma**
Sinzig (RP)
die **Sip|pe,** die Sippen
die **Si|re|ne,** die Sirenen
der **Si|rup**

Soest

die **Sit|te,** die Sitten, sittsam
der **Sit|tich**
die **Si|tu|a|ti|on,** die Situationen
sit|zen, sie saß, sie hat gesessen, der Sitz, die Sitzung
die **Ska|la,** die Skalen/Skalas
der **Skan|dal,** die Skandale
der **Skat**
ska|ten [sprich: ßkäiten], das Skateboard
das **Ske|lett,** die Skelette
der **Ski,** die Skier, Ski fahren
die **Skiz|ze,** die Skizzen, skizzieren
der **Skla|ve,** die Sklaven
der **Skru|pel,** die Skrupel, skrupellos
der **Sla|lom,** die Slaloms
der **Sla|we,** die Slawen, slawisch
der **Slip,** die Slips
der **Slo|gan,** die Slogans
der **Slum,** die Slums
der **Smog**
die **SMS**
so, sobald
die **So|cke,** die Socken
der **So|ckel,** die Sockel

so|dann
so|dass/so dass
das **Sod|bren|nen**
Soden am Taunus, Bad (HE)
so|eben
Soest (NRW)
das **So|fa,** die Sofas
so|fern
so|fort
die **Soft|ware** [sprich: ßoftwähr]
so|gar
so|ge|nannt/so ge|nannt
so|gleich
die **Soh|le,** die Sohlen
der **Sohn,** die Söhne
so|lan|ge ich bleibe, *solange* ich kann; ich bleibe *so lange*, bis ...
die **So|lar|ener|gie**
solch, solche
der **Sold** (Lohn, Gehalt), der Söldner
der **Sol|dat,** die Soldaten
die **So|le,** die Solen (Salz)
so|li|da|risch sein
so|li|de
sol|len, du sollst
das **So|lo,** die Solos/die Soli

Soltau

Soltau (NI)
so|mit
der **Som|mer,** die Sommer, die Sommerferien, die Sommersprosse
Sömmerda (TH)
son|der|bar
son|dern
Sondershausen (TH)
der **Song** [sprich: ßong], die Songs
der **Sonn|abend,** die Sonnabende
die **Son|ne,** die Sonnen, die Sonnenenergie, sich sonnen, sonnig
Sonneberg (TH)
der **Sonn|tag,** die Sonntage
sonst, sonstige
Sonthofen (BY)
so|oft, sie hat es schon so oft getan; sie tut es, sooft sie will
der **So|pran,** die Soprane
die **Sor|ben**
die **Sor|ge,** die Sorgen, sich sorgen, in Sorge sein
die **Sorg|falt,** sorgfältig
die **Sor|te,** die Sorten
sor|tie|ren
die **So|ße,** die Soßen
sou|ve|rän
so|viel ich weiß; sie hat so viel Geld, dass ...
so|weit ich weiß; der Weg ist so weit
so|wie, es gab Fleisch *sowie* Fisch, *so wie* immer
so|wie|so
so|wohl ... als auch
so|zi|al
der **Spa|gat**
die **Spa|get|ti**/Spa|ghet|ti
spä|hen
spal|ten, der Spalt
der **Span,** die Späne
die **Span|ge,** die Spangen
Spa|ni|en, die Spanier, spanisch
span|nen
span|nend, die Spannung
spa|ren, die Sparer, sparsam, die Sparsamkeit
der **Spar|gel,** die Spargel
der **Spaß,** die Späße, spaßen, spaßig
spät, spätestens
der **Spa|ten,** die Spaten
der **Spatz,** die Spatzen

spa|zie|ren ge|hen, sie ging spazieren, der Spaziergang, spazieren fahren

der **Specht,** die Spechte

der **Speck,** speckig

der **Spe|di|teur** [sprich: speditör], die Spediteure

der **Speer,** die Speere

die **Spei|che,** die Speichen

der **Spei|chel**

der **Spei|cher,** die Speicher, speichern

die **Spei|se,** die Speisen, die Speiseröhre

spei|sen

das **Spek|ta|kel,** die Spektakel (Lärm)

spe|ku|lie|ren, die Spekulation

die **Spen|de,** spen|den, spendieren

der **Sper|ling,** die Sperlinge

sper|ren, die Sperre, sperrig, sperrangelweit

spe|zi|al, die Spezialität, die Spezialisten, speziell

der **Spie|gel,** die Spiegel, spiegeln

spie|len, das Spiel, die Spieler, das Spielzeug, spielerisch

der **Spieß,** die Spieße

spie|ßig (rückständig, engstirnig)

die **Spikes** [sprich: speiks]

der **Spi|nat**

der/das **Spind,** die Spinde (schmaler Schrank)

die **Spin|del,** die Spindeln

die **Spin|ne,** die Spinnen

spin|nen, sie spann, er hat gesponnen

der **Spi|on,** die Spione, spionieren, die Spionage [sprich: spionasche]

die **Spi|ra|le,** die Spiralen

der **Spi|ri|tus**

das **Spi|tal,** die Spitäler

spitz, die Spitze, der Spitzer

der **Spit|zel,** die Spitzel

der **Split|ter,** die Splitter, splittern, splitternackt

der **Spon|sor,** die Sponsoren

spon|tan

die **Spo|re,** die Sporen

der **Sport,** die Sportler, der Sportverein, sportlich

Stade

der **Spott,** der Spötter, spotten, spöttisch
die **Spra|che,** die Sprachen, sprachlich, sprachlos
der/das **Spray** [sprich:ßpräi], die Sprays
spre|chen, er spricht, er sprach, er hat gesprochen, sprich!, der Sprecher
sprei|zen
spren|gen, die Sprengung
das **Sprich|wort,** die Sprichwörter
sie **spricht,** du sprichst (von sprechen)
sprie|ßen, es spross, es ist gesprossen
Springe (NI)
sprin|gen, sie sprang, er ist gesprungen, der Springer
sprin|ten, der Sprint
der **Sprit**
sprit|zen, der Spritzer, die Spritze
Sprockhövel (NRW)
die **Spros|se,** die Sprossen
der **Spruch,** die Sprüche
der **Spru|del,** die Sprudel, sprudeln

sprü|hen
der **Sprung,** die Sprünge
die **Spu|cke,** spucken
der **Spuk,** spuken
die **Spu|le,** die Spulen, spulen
spü|len, die Spülung, die Spüle
die **Spur,** die Spuren, spuren, spurlos
spü|ren, spürbar
der **Spurt,** die Spurts, spurten
sich **spu|ten,** er sputete sich
der **Staat,** die Staaten, staatlich
der **Stab,** die Stäbe
sta|bil, die Stabilität
der **Sta|chel,** die Stachel, stachlig/stachelig
das **Sta|di|on,** die Stadien
die **Stadt,** die Städte, städtisch
Stadtallendorf (HE)
Stadthagen (NI)
Stadtlohn (NRW)
die **Sta|fet|te,** die Stafetten
die **Staf|fel,** die Staffeln
der **Stahl,** die Stähle
der **Sta|lag|mit** und Stalagtit
der **Stall,** die Ställe
der **Stamm,** die Stämme

Starnberg

stam|meln
stam|men
stamp|fen, der Stampfer
sie **stand** (von stehen)
der **Stand,** die Stände, der Ständer
im **Stan|de sein** / im|stan|de sein
stän|dig
die **Stan|ge,** die Stangen
der **Stän|gel,** die Stängel
stän|kern
der **Sta|pel,** die Stapel, stapeln
stap|fen
der **Star,** die Stare (Vogel)
der **Star** (Augenkrankheit)
der **Star,** die Stars (Filmstar)
stark, die Stärke, die Stärkung, stärken
Starnberg (BY)
starr
star|ren
star|ten
der **Start,** die Starts
Staßfurt (ST)
die **Sta|ti|on,** die Stationen
sta|ti|o|när behandeln
der **Sta|tist,** die Statisten
die **Sta|tis|tik,** die Statistiken

statt
statt|des|sen
die **Stät|te,** die Stätten, die Fundstätte; aber: die Städte (von Stadt)
statt|fin|den, es fand statt, es hat stattgefunden
statt|lich
die **Sta|tue,** die Statuen
der **Stau,** die Staus
der **Staub,** staubig, Staub saugen / staubsaugen
stau|chen
die **Stau|de,** die Stauden
stau|en, der Stausee
stau|nen, das Staunen
ste|chen, sie sticht, er stach, er hat gestochen
ste|cken, der Stecker
der **Ste|cken,** die Stecken
der **Steg,** die Stege
ste|hen, sie stand, sie hat gestanden / sie ist gestanden, sie ist stehen geblieben
steh|len, sie stiehlt, er stahl, er hat gestohlen
steif, die Steifheit

Steinfurt

steigen, sie stieg, er ist gestiegen, die Steigung
steigern, die Steigerung
steil
der **Stein**, die Steine, steinern, steinig
Steinfurt (NRW)
das **Steißbein**
die **Stelle**, die Stellen, die Stellung, stellenweise
stellen
die **Stelze**, die Stelzen
stemmen
der **Stempel**, die Stempel, stempeln
die **Steppdecke**, die Steppdecken
die **Steppe**, die Steppen
steppen
sterben, sie starb, sie ist gestorben
stereo
steril
der **Stern**, die Sterne
stets, stetig
die **Steuer**, die Steuern (Geld)
das **Steuer**, die Steuer (zum Lenken), steuern

der **Steward** [sprich: ßtjuard], die Stewards, die Stewardess
der **Stich**, die Stiche, im Stich lassen
sticheln
sticken, die Stickerei
der **Sticker**, die Sticker
stickig
der **Stickstoff**
der **Stiefel**, die Stiefel
die **Stiege**, die Stiegen
der **Stiel**, die Stiele
der **Stier**, die Stiere
stieren
der **Stift**, die Stifte
stiften, die Stiftung
der **Stil**, die Stile
still, in der Stille
stillen
stillhalten, er hält still, er hielt still, er hat stillgehalten
die **Stimme**, die Stimmen
stimmen
die **Stimmung**, die Stimmungen
St. Ingbert (SL)
stinken, es stank, es hat gestunken, der Gestank

Straelen

die **Stirn,** die Stirnen
stö|bern
sto|chern
der **Stock,** die Stöcke
Stockach (BW)
sto|cken
stock|sau|er, stocksteif
das **Stock|werk,** die Stockwerke
der **Stoff,** die Stoffe
stöh|nen
Stolberg (Rheinland) (NRW)
der **Stol|len,** die Stollen
stol|pern
stolz sein, der Stolz
stol|zie|ren
stop|fen
der **Stop|fen,** die Stopfen
die **Stop|pel,** die Stoppeln
stop|pen, der Stopp
der **Stöp|sel,** die Stöpsel
der **Storch,** die Störche
stö|ren, die Störung
stor|nie|ren, das Storno
stör|risch
die **Sto|ry,** die Storys
sto|ßen, er stieß, er hat gestoßen, der Stoß
stot|tern, er stotterte

Straelen (NRW)
die **Stra|fe,** die Strafen, die Strafarbeit, strafen
straff
der **Strahl,** die Strahlen
strah|len, es strahlte, die Strahlung
die **Sträh|ne,** die Strähnen, strähnig
Stralsund (MV)
stramm
stram|peln
der **Strand,** die Strände, stranden
der **Strang,** die Stränge
die **Stra|pa|ze,** die Strapazen
die **Stra|ße,** die Straßen
sich **sträu|ben,** er sträubte sich
der **Strauch,** die Sträucher
strau|cheln
Strausberg (BB)
der **Strauß,** die Sträuße (Blumenstrauß)
der **Strauß,** die Strauße (Vogel)
stre|ben, der Streber, die Strebe
die **Stre|cke,** die Strecken
stre|cken

A B C D E F G H I J K L M N O P Q R S T U V W X Y Z

Stutensee

der **Streich,** die Streiche
strei|cheln
strei|chen, sie strich, sie hat gestrichen
das **Streich|holz,** die Streichhölzer
die **Strei|fe,** Streife gehen
strei|fen
der **Strei|fen,** die Streifen, gestreift
der **Streik,** die Streiks, streiken
der **Streit,** die Streiterei, die Streitigkeit
strei|ten, sie stritt, sie hat gestritten
streng, die Strenge
der **Stress,** stressig
streu|en, die Streu, der Streusel
der **Strich,** die Striche
der **Strick,** die Stricke
stri|cken
strikt
die **Strip|pe**
das **Stroh,** der Strohhalm
der **Strom,** die Ströme, die Strömung, strömen
die **Stro|phe,** die Strophen
strub|be|lig/strubb|lig
der **Stru|del,** die Strudel
der **Strumpf,** die Strümpfe
der **Strunk,** die Strünke
strup|pig
die **Stu|be,** die Stuben
das **Stück,** die Stücke, ein Stückchen
der **Stu|dent,** die Studenten, die Studentin
die **Stu|die,** die Studien
stu|die|ren, das Studium
das **Stu|dio,** die Studios
die **Stu|fe,** die Stufen
der **Stuhl,** die Stühle
stül|pen
stumm
der **Stum|mel,** die Stummel
der **Stüm|per,** die Stümper
stumpf, der Stumpfsinn
der **Stumpf,** die Stümpfe
die **Stun|de,** die Stunden, der Stundenlohn, stundenlang
der **Stunk** (Ärger, Streit)
stup|sen, die Stupsnase
stur, die Sturheit
stür|men, der Stürmer, der Sturm, die Sturmflut, stürmisch
stür|zen, der Sturz
die **Stu|te,** die Stuten
Stutensee (BW)

Stutt|gart (Hauptstadt Baden-Württembergs)
stut|zen, stutzig
stüt|zen, die Stütze
St. Wendel (SL)
das **Sty|ro|por**
das **Sub|jekt,** die Subjekte
sub|jek|tiv
das **Sub|stan|tiv,** die Substantive
sub|tra|hie|ren, die Subtraktion
su|chen, die Suche
die **Sucht,** die Süchte, süchtig
der **Sü|den,** südlich
die **Süd|frucht,** die Südfrüchte
der **Süd|pol**
Suhl (TH)
die **Süh|ne,** die Sühnen
Sulzbach / Saar (SL)
Sulzbach-Rosenberg (BY)
die **Sum|me,** die Summen
sum|men
der **Sumpf,** die Sümpfe, sumpfig
die **Sün|de,** die Sünden
Sundern (Sauerland) (NRW)
su|per ist das!
der **Su|per|la|tiv**
der **Su|per|markt,** die Supermärkte
die **Sup|pe,** die Suppen
sur|fen [sprich: ßörfen]
sur|ren
süß, süßen, die Süße, die Süßigkeit
das **Sweat|shirt** [sprich: ßwettschört], die Sweatshirts
Syke (NI)
die **Sym|bi|o|se,** die Symbiosen
das **Sym|bol,** die Symbole, symbolisch
die **Sym|pa|thie,** die Sympathien, sympathisch
das **Symp|tom,** die Symptome
die **Syn|a|go|ge,** die Synagogen
das **Sys|tem,** die Systeme, systematisch
die **Sze|ne,** die Szenen
das **Szep|ter,** die Szepter

Taucha

Ta bis **Ta**

T t

der **Ta|bak**
die **Ta|bel|le,** die Tabellen
das **Ta|blett,** die Tabletts
die **Ta|blet|te,** die Tabletten
der **Ta|cho,** die Tachos
(kurz für: Tachometer)
der **Ta|del,** die Tadel, tadeln
die **Ta|fel,** die Tafeln
der **Tag,** die Tage, täglich,
guten Tag sagen,
tagsüber, taghell
der **Tai|fun,** die Taifune
die **Tail|le** [sprich: tallje],
die Taillen
der **Takt,** die Takte
die **Tak|tik,** die Taktiken
takt|los
das **Tal,** die Täler
das **Ta|lent,** die Talente
der **Ta|ler,** die Taler
die **Tal|sper|re,**
die Talsperren
tan|ken, der Tank,
die Tankstelle
die **Tan|ne,** die Tannen
die **Tan|te,** die Tanten
der **Tanz,** die Tänze,
die Tänzer, tanzen

die **Ta|pe|te,** die Tapeten,
tapezieren
tap|fer, die Tapferkeit
der **Ta|rif,** die Tarife
tar|nen, die Tarnung
die **Ta|sche,** die Taschen
die **Tas|se,** die Tassen
die **Tas|te,** die Tasten,
die Tastatur, tasten
die **Tat,** die Taten, der Täter,
die Tätigkeit, tätig
tä|to|wie|ren,
die Tätowierung
die **Tat|sa|che,**
die Tatsachen,
tatsächlich
tät|scheln
die **Tat|ze,** die Tatzen
der **Tau** (Wassertröpfchen)
das **Tau,** die Taue (starkes
Seil), das Tauziehen
taub
die **Tau|be,** die Tauben
tau|chen, der Taucher
tau|en
tau|fen, die Taufe
tau|gen, es taugte nichts
tau|meln
tau|schen, der Tausch
täu|schen,
die Täuschung

Telgte

tau|send
das **Ta|xi**/die Ta|xe, die Taxis, der Taxifahrer
das **Team** [sprich: tiem], die Teams
die **Tech|nik,** die Techniken, der Techniker, technisch
der **Ted|dy,** die Teddys
der **Tee,** die Tees
der **Teen|ager** [sprich: tienäidscher], die Teenager
der **Teer,** teeren
der **Teich,** die Teiche
der **Teig,** die Teige, teigig
der/das **Teil,** die Teile, die Teilung, teilen
teil|neh|men, er nahm teil, die Teilnahme
teils ... teils
teil|wei|se
das **Te|le|fax**
das **Te|le|fon,** die Telefone, telefonieren, telefonisch
Telgte (NRW)
der **Tel|ler,** die Teller
Teltow (BB)
der **Tem|pel,** die Tempel
das **Tem|pe|ra|ment,** die Temperamente
die **Tem|pe|ra|tur,** die Temperaturen
Templin (BB)
das **Tem|po,** die Tempos/Tempi
das **Ten|nis**
der **Te|nor,** die Tenöre
der **Tep|pich,** die Teppiche
der **Ter|min,** die Termine
die **Ter|ras|se,** die Terrassen
die **Ter|ri|ne,** die Terrinen
der **Ter|ror,** der Terrorist
der **Test,** die Tests/die Teste, testen
das **Tes|ta|ment,** die Testamente
Tettnang (BW)
teu|er, noch teurer
der **Teu|fel,** die Teufel, teuflisch
der **Text,** die Texte
die **Tex|ti|lie,** die Textilien
Thale (ST)
das **The|a|ter,** die Theater
die **The|ke,** die Theken
das **The|ma,** die Themen
die **Theo|lo|gie**
die **The|o|rie,** die Theorien, theoretisch
the|ra|pie|ren, die Therapie

Torgau

das **Ther|mo|me|ter,** die Thermometer
die **Ther|mos|fla|sche,** die Thermosflaschen
die **The|se,** die Thesen
der **Thron,** die Throne
Thü|rin|gen (Bundesland), die Thüringer, thüringisch
ti|cken
das **Ti|cket,** die Tickets
tief, am tiefsten, die Tiefe, tiefgekühlt
das **Tief,** tiefer Luftdruck
das **Tier,** die Tiere
der **Ti|ger,** die Tiger
til|gen, die Tilgung
die **Tin|te,** die Tinten
der **Tipp,** die Tipps, tippen
tip|peln
tipp|topp
der **Tisch,** die Tische
der **Tisch|ler,** die Tischler
der **Ti|tel,** die Titel
der **Toast** [sprich: toost], die Toasts/Toaste
to|ben
die **Toch|ter,** die Töchter
der **Tod,** die Tode, tödlich, todkrank, todmüde (Sieh auch bei to<u>t</u> nach!)

die **Toi|let|te** [sprich: toalette], die Toiletten
to|le|rant, die Toleranz
toll, tollen
die **Toll|wut**
Tölz, Bad (BY)
die **To|ma|te,** die Tomaten
die **Tom|bo|la,** die Tombolas
der **Ton,** die Töne, tönen
der **Ton** (eine Bodenart)
tö|nen, die Tönung
die **Ton|ne,** die Tonnen
das **Top,** die Tops
top, topfit, topaktuell
der **Topf,** die Töpfe
das **Tor,** die Tore, der Torwart
der **Tor,** die Toren (Narr), töricht
der **Torf**
Torgau (SN)
tor|keln
der **Tor|na|do,** die Tornados
der **Tor|nis|ter,** die Tornister
die **Tor|te,** die Torten
tot, die Toten, töten (Sieh auch bei To<u>d</u> nach!)
to|tal
das/der **To|to,** der Totoschein
tou|pie|ren

die **Tour,** die Touren
der **Tou|ris|mus,** der Tourist
die **Tour|nee**
tra|ben, der Trab
die **Tracht,** die Trachten
die **Tra|di|ti|on,** die Traditionen, traditionell
der **Tra|fo,** die Trafos (kurz für: Transformator)
trä|ge, die Trägheit
tra|gen, er trägt, er trug, er hat getragen
tra|gisch, die Tragödie
trai|nie|ren, das Training, der Trainer
der **Trak|tor,** die Traktoren
träl|lern
tram|peln
das **Tram|po|lin,** die Trampoline
die **Trä|ne,** die Tränen, Augen tränen
der **Tran|sis|tor,** die Transistoren
trans|pa|rent, das Transparent
trans|por|tie|ren, der Transport
der **Tratsch**
die **Trau|be,** die Trauben
trau|en
trau|ern, die Trauer
die **Trau|fe,** die Traufen
der **Traum,** die Träume
träu|men
Traunstein (BY)
trau|rig, die Traurigkeit
die **Trau|ung,** die Trauungen
tref|fen, sie trifft, sie traf, er hat getroffen, triff!, der Treffer
trei|ben, sie trieb, sie hat/ist getrieben
das **Treib|haus,** die Treibhäuser
der **Trend,** die Trends
tren|nen, die Trennung
die **Trep|pe,** die Treppen, treppauf, treppab
der **Tre|sor,** die Tresore
tre|ten, sie tritt, er trat, er hat getreten, der Tritt
treu, die Treue, treulos
der/die **Tri|an|gel,** die Triangel/Triangeln
die **Tri|bü|ne,** die Tribünen
der **Trich|ter,** die Trichter
der **Trick,** die Tricks, tricksen
der **Trieb,** die Triebe
trie|fen, es troff, es hat getrieft, triefnass

das **Tri|kot** [sprich: trikoo], die Trikots
tril|lern
trim|men
trin|ken, sie trank, sie hat getrunken
der **Trip,** die Trips (Ausflug)
trip|peln
der **Tritt,** die Tritte
der **Tri|umph,** die Triumphe, triumphieren, triumphal
tro|cken, trocknen, die Trockenheit
der **Trö|del**
trö|deln
Troisdorf (NRW)
sich **trol|len,** er trollte sich
die **Trom|mel,** die Trommeln
das **Trom|mel|fell**
die **Trom|pe|te,** die Trompeten, trompeten
die **Tro|pen,** tropisch
trop|fen, der Tropfen, tröpfeln
Trossingen (BW)
der **Trost,** trösten, tröstlich, trostlos
der **Trot|tel,** die Trottel
trot|ten, der Trott
trotz, trotz des Regens, trotz der Kälte
der **Trotz,** zum Trotz, trotzen, trotzig
trotz|dem
trüb, trübe, trüben
der **Tru|bel**
tru|deln
sie **trug** (von tragen)
trü|gen, der Schein trügt, er trog, er hat getrogen
die **Tru|he,** die Truhen
die **Trüm|mer**
der **Trumpf,** die Trümpfe
die **Trup|pe,** die Truppen
tschau! (italienisch: ciao)
Tsche|chi|en, die Tschechen, tschechisch
tschüss!
das **T-Shirt** [sprich: tieschöhrt], die T-Shirts
die **Tu|be,** die Tuben
das **Tuch,** die Tücher
tüch|tig, die Tüchtigkeit
die **Tü|cke,** die Tücken, tückisch
tüf|teln, der Tüftler
die **Tu|gend,** die Tugenden

die **Tul|pe,** die Tulpen
sich **tum|meln,** sie tummelte sich
der **Tu|mor,** die Tumore
der **Tüm|pel,** die Tümpel
der **Tu|mult,** die Tumulte
tun, er tat, er hat getan, das Tun
tun|ken, die Tunke
der **Tun|nel,** die Tunnel/Tunnels
tup|fen, der Tupfer
die **Tür,** die Türen
der **Tur|ban,** die Turbane
die **Tur|bi|ne,** die Turbinen
der **Tur|bo|mo|tor**
die **Tür|kei,** die Türken, türkisch
der **Turm,** die Türme, turmhoch
tur|nen, der Turner
das **Tur|nier,** die Turniere
die **Tu|sche,** die Tuschen
tu|scheln
die **Tü|te,** die Tüten
Tuttlingen (BW)
TV (Television)
der **Typ,** die Typen, typisch
der **Ty|rann,** die Tyrannen, tyrannisch, die Tyrannei

U u

Übach-Palenberg (NRW)
die **U-Bahn,** die U-Bahnen
übel, das Übel, die Übelkeit
üben, die Übung
über
über|all, überallhin
das **Über|bleib|sel,** die Überbleibsel
der **Über|blick,** die Überblicke
über|drüs|sig
über|ei|nan|der
über|fah|ren, er überfuhr, er hat überfahren
über|fal|len, sie überfiel, sie hat überfallen, der Überfall
über|flüs|sig
über|ge|ben, sie übergab, er hat übergeben
über|ge|hen, er überging, er hat übergangen

Uelzen

über|haupt
über|ho|len,
das Überholmanöver
über|las|sen,
er überließ,
sie hat überlassen
über|le|gen,
die Überlegung
Überlingen (BW)
über|lis|ten
über|mit|teln,
die Übermittlung
über|mor|gen
über|mü|tig
über|nach|ten,
die Übernachtung
über|que|ren,
die Überquerung
über|ra|schen,
die Überraschung
über|re|den,
die Überredung
(sich) **über|schla|gen,**
sie überschlug (sich),
sie hat sich überschlagen
die **Über|schrift,**
die Überschriften
in **Über|see**
über|se|hen,
sie übersah,
er hat übersehen

über|set|zen,
die Übersetzung
über|sicht|lich,
die Übersicht
über|tra|gen,
er übertrug,
er hat übertragen
über|tref|fen,
er übertraf,
sie hat übertroffen
über|trei|ben,
er übertrieb,
sie hat übertrieben
über|wei|sen, er überwies,
sie hat überwiesen
über|zeu|gen,
er war überzeugt,
die Überzeugung
üb|lich, üblicherweise
das **U-Boot,** die U-Boote
üb|rig, übrig bleiben
übri|gens
die **Übung,** die Übungen
Uelzen (NI)
Uetersen (SH)
das **Ufer,** die Ufer
Uffenheim (BY)
Uhingen (BW)
die **Uhr,** die Uhren
der **Uhu,** die Uhus
Ukw (Ultrakurzwelle)

Ulm

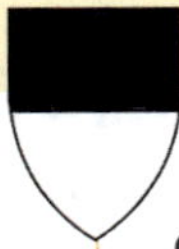

der **Ulk,** ulkig
das **Ul|ti|ma|tum,**
die Ultimaten
der **Ul|tra**
ul|tra|vi|o|lett
um, um acht Uhr
um|ar|men,
die Umarmung
um|brin|gen,
er brachte um,
sie hat umgebracht
um|dre|hen
um|fal|len, sie fiel um,
sie ist umgefallen
der **Um|fang,** die Umfänge
die **Um|ge|bung,**
die Umgebungen,
umgeben
um|ge|hen, sie ging um,
sie ist umgegangen,
der Umgang
um|ge|kehrt
der **Um|hang,** die Umhänge
um|her
um|her|lau|fen,
sie liefen umher,
sie sind umhergelaufen
um|keh|ren, die Umkehr
um|kip|pen, er kippte um
die **Um|lei|tung,**
die Umleitungen

der **Um|riss,** die Umrisse
sich **um|schau|en,**
sie schaute sich um
der **Um|schlag,**
die Umschläge
um|so, umso besser!
um|sonst
um|stei|gen,
er stieg um,
er ist umgestiegen
die **Um|welt**
um|zie|hen, sie zog um,
er ist umgezogen,
der Umzug
un|ab|hän|gig
un|an|ge|nehm
un|aus|steh|lich
un|be|dingt
un|be|hol|fen
un|be|kannt
und
un|ei|gen|nüt|zig
un|end|lich,
die Unendlichkeit
un|ent|gelt|lich
un|ent|schie|den
un|ent|wegt
un|er|mess|lich
der **Un|fall,** die Unfälle
un|flä|tig
der **Un|fug**

Unna

un|ge|fähr
das **Un|ge|heu|er,**
die Ungeheuer
un|ge|heu|er|lich
un|ge|niert
[sprich: un~~sch~~eniert]
un|ge|stüm
das **Un|ge|tüm,**
die Ungetüme
das **Un|ge|zie|fer,**
die Ungeziefer
das **Un|glück,**
die Unglücke,
unglücklich
das **Un|heil,** unheilvoll
die **Uni|form,** die Uniformen
die **Uni|ver|si|tät,**
die Universitäten
das **Uni|ver|sum**
das **Un|kraut,** die Unkräuter
un|mög|lich
die **UNO**
das **Un|recht**
uns, unser, unsere
die **Un|schuld,** unschuldig
der **Un|sinn,** unsinnig
un|ten, unter
die **Un|ter|bre|chung,**
die Unterbrechungen,
unterbrechen
un|ter|ei|nan|der

die **Un|ter|füh|rung,**
die Unterführungen
un|ter|ge|hen,
er ging unter,
er ist untergegangen
die **Un|ter|grund|bahn,**
die Untergrundbahnen
der **Un|ter|halt**
(sich) **un|ter|hal|ten,**
sie unterhielten (sich),
sie haben (sich)
unterhalten,
die Unterhaltung
die **Un|ter|kunft,**
die Unterkünfte
un|ter|neh|men,
er unternahm,
er hat unternommen
un|ter|rich|ten,
der Unterricht
un|ter|schei|den,
sie unterschied,
sie hat unterschieden,
der Unterschied
Unterschleißheim (BY)
un|ter|schrei|ben,
sie unterschrieb,
sie hat unterschrieben,
die Unterschrift
un|ter|stüt|zen,
die Unterstützung

Varel

A B C D E F G H I J K L M N O P Q R S T **U** **V** W X Y Z

un|ter|su|chen,
die Untersuchung
die **Un|ter|wä|sche**
un|ter|wegs
un|ter|wei|sen,
sie unterwies,
er hat unterwiesen
un|ter|wer|fen,
sie unterwarf,
er hat unterworfen,
unterwürfig
un|ver|schämt,
die Unverschämtheit
un|ver|ständ|lich
das **Un|wet|ter,**
die Unwetter
un|zäh|lig
die **Ur|groß|el|tern**
der **Urin**
die **Ur|kun|de,** die Urkunden
der **Ur|laub,** die Urlaube
die **Ur|sa|che,** die Ursachen
der **Ur|sprung,**
die Ursprünge,
ursprünglich
das **Ur|teil,** die Urteile,
urteilen
der **Ur|wald,** die Urwälder
die **Ur|zeit** (uralte Zeit)
die **USA**
die **UV-Strahlen**

V v

Wenn man das *V/v* wie *w* spricht, steht hier [W].

Vaihingen an der Enz (BW)
der **Vam|pir** [W], die Vampire
die **Va|nil|le** [W]
Varel (NI)
va|ri|ie|ren [W],
die Variation
die **Va|se** [W], die Vasen
der **Va|ter,** die Väter,
väterlich, das Vaterunser
v. Chr. (vor Christus)
Vechta (NI)
der **Ve|ge|ta|ri|er** [W],
die Vegetarier, vegetarisch
die **Ve|ge|ta|ti|on** [W]
das **Veil|chen,** die Veilchen
Velbert (NRW)
Vellmar (HE)
Velten (BB)
die **Ve|ne** [W], die Venen
das **Ven|til** [W], die Ventile
der **Ven|ti|la|tor** [W],
die Ventilatoren
sich **ver|ab|re|den,**
wir verabredeten uns

ver|ab|schie|den
ver|ach|ten, die Verachtung
die **Ve|ran|da**[W], die Veranden
ver|än|dern, veränderlich
ver|an|las|sen, die Veranlassung
ver|an|stal|ten, die Veranstaltung
die **Ver|ant|wor|tung,** verantwortlich
das **Verb**[W], die Verben
der **Ver|band,** die Verbände
ver|bes|sern, die Verbesserung
ver|bie|ten, er verbot, sie hat verboten, das Verbot
ver|bin|den, er verband, sie hat verbunden, die Verbindung
ver|blüf|fen
ver|brau|chen, der Verbrauch
der **Ver|bre|cher,** die Verbrecher
ver|bren|nen, es verbrannte, es ist verbrannt, die Verbrennung
der **Ver|dacht,** verdächtigen
ver|dau|en, die Verdauung
ver|der|ben, es verdirbt, es verdarb, es ist verdorben
ver|die|nen, der Verdienst (Geld)
ver|dor|ren
ver|drü|cken
ver|duns|ten
ver|dutzt
der **Ver|ein,** die Vereine, vereinigen
ver|ein|ba|ren, die Vereinbarung
die **Ver|ei|nig|ten Staa|ten**
die **Ver|ein|ten Na|ti|o|nen**
ver|ei|teln
ver|er|ben, die Vererbung
das **Ver|fah|ren,** die Verfahren
ver|fas|sen
der **Ver|fas|ser,** die Verfasser, die Verfasserin
die **Ver|fas|sung,** die Verfassungen
ver|flixt
ver|fol|gen, er verfolgte, die Verfolgung

Veringenstadt

die **Ver|fü|gung,**
die Verfügungen
ver|gan|gen,
die Vergangenheit
ver|ge|ben, er vergab,
sie hat vergeben
ver|ge|bens, vergeblich
ver|ge|hen, es verging,
es ist vergangen
ver|ges|sen,
sie vergisst, er vergaß,
er hat vergessen,
vergiss es!, vergesslich
ver|geu|den
das **Ver|giss|mein|nicht,**
die Vergissmeinnicht
ver|glei|chen,
er verglich, der Vergleich
das **Ver|gnü|gen,**
die Vergnügen
ver|grö|ßern,
die Vergrößerung
ver|haf|ten,
die Verhaftung
sich **ver|hal|ten,**
sie verhielt sich,
sie hat sich verhalten,
das Verhalten
das **Ver|hält|nis,**
die Verhältnisse,
verhältnismäßig

die **Ver|hand|lung,**
die Verhandlungen,
verhandeln
ver|hei|ra|tet
ver|hin|dern
ver|kau|fen,
er verkaufte,
der Verkauf,
der Verkäufer
der **Ver|kehr**
ver|kehrt
sich **ver|klei|den,**
sie verkleideten sich
ver|kün|den,
die Verkündung
ver|lan|gen
ver|län|gern,
die Verlängerung
ver|las|sen,
sie verlässt,
er verließ,
sie hat verlassen
ver|let|zen, er verletzte,
er war verletzt,
der Verletzte,
die Verletzung
ver|lie|ren, er verlor,
sie hat verloren,
der Verlust
ver|lo|cken,
die Verlockung

Verl

ver|lo|ren
(von verlieren)
ver|lo|sen, die Verlosung
der **Ver|lust,** die Verluste
ver|mäh|len,
die Vermählung
ver|mei|den,
sie vermied,
sie hat vermieden
ver|mie|ten,
der Vermieter
ver|mis|sen
das **Ver|mö|gen,**
die Vermögen
ver|mu|ten
die **Ver|mu|tung,**
die Vermutungen
ver|neh|men,
sie vernahm,
er hat vernommen,
die Vernehmung
ver|nich|ten
die **Ver|nunft,** vernünftig
die **Ver|ord|nung,**
die Verordnungen,
verordnen
ver|pach|ten,
er verpachtete
ver|pa|cken,
die Verpackung
ver|pet|zen

ver|pflich|ten,
die Verpflichtung
ver|pflan|zen
ver|ra|ten, er verriet,
er hat verraten,
der Verrat, der Verräter
ver|rei|sen
ver|rot|ten
ver|rückt,
die Verrückten
der **Vers,** die Verse
ver|sa|gen, das Versagen
die **Ver|samm|lung,**
die Versammlungen,
versammeln
ver|säu|men,
das Versäumnis
ver|schaf|fen
ver|schie|den,
die Verschiedenheit
ver|schlei|ßen,
es verschliss,
es ist verschlissen.
ver|schlin|gen,
er verschlang,
er hat verschlungen
ver|schmut|zen,
die Verschmutzung
ver|schrei|ben
sie verschrieb,
sie hat verschrieben

Versmold

ver|schwin|den,
es verschwand,
es ist verschwunden

aus **Ver|se|hen,** versehentlich

ver|set|zen,
die Versetzung

ver|seu|chen

die **Ver|si|che|rung,**
die Versicherungen,
versichern

(sich) **ver|söh|nen,**
sie versöhnten (sich),
die Versöhnung

ver|sor|gen, er versorgte,
die Versorgung

sich **ver|spä|ten,**
sie verspätete sich,
die Verspätung

ver|spei|sen

ver|spre|chen,
er versprach,
sie hat versprochen

ver|stau|chen,
die Verstauchung

ver|ste|hen,
er verstand,
der Verstand,
das Verständnis,
verständlich

die **Ver|stei|ne|rung,**
die Versteinerungen

ver|stum|men

ver|su|chen, der Versuch

ver|tei|di|gen,
die Verteidigung

ver|tei|len,
die Verteilung

ver|ti|kal [W]

der **Ver|trag,** die Verträge

ver|tra|gen, er vertrug,
er hat vertragen

ver|trei|ben, er vertrieb,
sie hat vertrieben

ver|tre|ten, sie vertrat,
sie hat vertreten,
der Vertreter

ver|tu|schen

ver|un|glü|cken

ver|wah|ren

ver|wal|ten,
die Verwaltung

ver|wan|deln,
die Verwandlung

ver|wandt,
der Verwandte,
die Verwandtschaft

ver|wech|seln,
die Verwechslung

der **Ver|weis,** die Verweise

ver|wen|den,
die Verwendung

ver|we|sen

Viersen

ver|wir|ren,
die Verwirrung
die **Ver|wit|te|rung,**
die Verwitterungen,
verwittern
ver|wöh|nen
ver|wun|det sein
ver|zeh|ren, der Verzehr
ver|zeich|nen,
das Verzeichnis
ver|zei|hen, sie verzieh,
er hat verziehen,
die Verzeihung
ver|zich|ten, der Verzicht
sich **ver|zie|hen,**
er verzog sich,
er hat sich verzogen
die **Ver|zweif|lung,**
verzweifeln
die **Ves|per,** vespern
der **Ve|te|ran** [W],
die Veteranen
der **Ve|te|ri|när** [W],
die Veterinäre
das **Ve|to** [W]
der **Vet|ter,** die Vettern
das **Vi|deo** [W]
das **Vieh**
viel, vielmals, vielfach,
alle haben gleich viel
viel|leicht

vier, vierzehn, vierzig,
viereckig,
um viertel acht,
drei viertel Kilo,
ein Viertel aller Kinder,
das Viereck,
eine Viertelstunde
Viernheim (HE)
Viersen (NRW)
Vilbel, Bad (HE)
die **Vil|la** [W], die Villen
Vilshofen an der Donau (BY)
vi|o|lett [W]
die **Vi|o|li|ne** [W],
die Violinen
der/das **Vi|rus** [W],
die Viren,
der/das Computervirus
die **Vi|si|te** [W],
die Visiten
das **Vi|sum** [W], die Visa
vi|tal [W]
das **Vi|ta|min** [W],
die Vitamine
Vlotho (NRW)
Voerde (Niederrhein) (NRW)
der **Vo|gel,** die Vögel
der **Vo|kal** [W], die Vokale
das **Volk,** die Völker

A B C D E F G H I J K L M N O P Q R S T U V W X Y Z

Vo bis Vo

A B C D E F G H I J K L M N O P Q R S T U V W X Y Z

Völklingen (SL)
voll, vollbringen, völlig, vollkommen, vollständig
voll|en|den
der **Vol|ley|ball**[W], die Volleybälle, Volleyball spielen
völ|lig
voll|kom|men
das **Voll|korn|brot,** die Vollkornbrote
voll|ma|chen, er machte voll, sie hat vollgemacht
die **Voll|macht**
voll|stän|dig
die **Voll|wert|kost**
das **Vo|lu|men**[W], die Volumina
vom, vom ersten Tag an
von, von Anfang an
von|ei|nan|der
von vorn|he|rein
vor
vo|ran, vorangekommen
vo|raus
vo|raus|sa|gen, er sagte voraus
vo|raus|set|zen, sie setzte voraus, die Voraussetzung
vo|raus|sicht|lich
vor|bei, vorbeifahren, vorbeigehen, vorbeikommen
vor|be|rei|ten, sie bereitete vor
vor|beu|gen, er beugte vor
das **Vor|bild,** die Vorbilder, vorbildlich
vor|de|re, das vordere Nummernschild
das **Vor|der|rad,** die Vorderräder
vor|ei|lig
der **Vor|fahr,** die Vorfahren
die **Vor|fahrt**
die **Vor|füh|rung,** die Vorführungen, vorführen
der **Vor|gang,** die Vorgänge
vor|ge|hen, es ging vor, es ist vorgegangen
der/die **Vor|ge|setz|te,** die Vorgesetzten
vor|ges|tern
vor|ha|ben, sie hatte etwas vor
vor|han|den
der **Vor|hang,** die Vorhänge

vor|her, vorhin
vo|ri|ge Woche, ein voriger Tag
das **Vor|jahr,** die Vorjahre
vor|kom|men, es kommt vor, es kam vor, es ist vorgekommen
die **Vor|la|ge,** die Vorlagen
vor|läu|fig
vor|le|gen, sie legte vor
vor|le|sen, sie las vor, sie hat vorgelesen
der **Vor|mit|tag,** die Vormittage, vormittags
der **Vor|mund,** die Vormunde
vorn, vorn und hinten
der **Vor|na|me,** die Vornamen
vor|nehm
sich **vor|neh|men,** er nahm sich vor, sie hat sich vorgenommen
der **Vor|ort,** die Vororte
der **Vor|rat,** die Vorräte
vor|sätz|lich, der Vorsatz
zum **Vor|schein** kommen
der **Vor|schlag,** die Vorschläge
vor|schrei|ben er schrieb vor, sie hat vorgeschrieben, die Vorschrift
die **Vor|sicht,** vorsichtig, vorsichtshalber
der **Vor|sit|zen|de,** die Vorsitzenden, die Vorsitzende
der **Vor|sprung**
(sich) **vor|stel|len,** er stellte (sich) vor, die Vorstellung
der **Vor|teil,** die Vorteile, vorteilhaft
der **Vor|trag,** die Vorträge
vor|treff|lich
vo|rü|ber, vorübergehen, es ist vorübergehend
vor|wärts
vor|wer|fen, er warf vor, sie hat vorgeworfen, der Vorwurf
die **Vor|zeit**
der **Vor|zug,** die Vorzüge
der **Vul|kan** [W], die Vulkane

Wadern

W w

die **Waa|ge,** die Waagen, mit Waagen wiegen, waagerecht

die **Wa|be,** die Waben (der Bienen)

wa|chen, der Wächter, wach, Wache halten

das **Wachs,** die Wachse

wach|sen, es wächst, es wuchs, es ist gewachsen, das Wachstum, der Wuchs

wa|ckeln, wacklig / wackelig

die **Wa|de,** die Waden

Wadern (SL)

die **Waf|fe,** die Waffen

die **Waf|fel,** die Waffeln

wa|gen, sie wagte, das Wagnis, waghalsig

der **Wa|gen,** die Wagen

der **Wag|gon** / Wa|gon, die Waggons

Waghäusel (BW)

die **Wahl,** die Wahlen, der Wähler, wählen, wählerisch

der **Wahn**

der **Wahn|sinn,** wahnsinnig

wahr, die Wahrheit

wäh|rend, währenddessen

wahr|lich

wahr|schein|lich, die Wahrscheinlichkeit

die **Wäh|rung,** die Währungen

Waiblingen (BW)

die **Wai|se,** die Waisen

der **Wal,** die Wale

der **Wald,** die Wälder, waldig

Waldbröl (NRW)

Waldkirch (BW)

Waldkraiburg (BY)

Waldsee, Bad (BW)

Waldshut-Tiengen (BW)

der **Wall,** die Wälle

die **Wall|fahrt,** die Wallfahrten

die **Wal|nuss,** die Walnüsse

das **Wal|ross,** die Walrosse

Walsrode (NI)

wal|ten

Waltrop (NRW)

die **Wal|ze,** die Walzen

wäl|zen

der **Wal|zer,** die Walzer

Warendorf

die **Wand,** die Wände
wan|deln, der Wandel
wan|dern, die Wanderung
die **Wan|ge,** die Wangen
Wangen im Allgäu (BW)
wan|ken
wann, dann und wann
die **Wan|ne,** die Wannen
die **Wan|ze,** die Wanzen
Wanzleben-Börde (ST)
das **Wap|pen,** die Wappen
er **war** (von sein)
Warburg (NRW)
die **Wa|re,** die Waren
Waren (Müritz) (MV)
warm, wärmen,
die Wärme
war|nen, die Warnung
du **warst,** ihr wart
(von sein)
Warstein (NRW)
war|ten, sie wartete
der **Wär|ter,** die Wärter,
die Wartung
wa|rum?
die **War|ze,** die Warzen
was, was ist das?
die **Wä|sche,** die Wäschen
wa|schen, er wäscht,
er wusch,
er hat gewaschen

Wassenberg (NRW)
das **Was|ser,** wasserdicht,
die Wasserleitung
die **Was|ser|po|cken**
wa|ten
wat|scheln
das **Watt**
die **Wat|te**
das **WC,** die WCs
we|ben, der Weber
wech|seln,
der Wechsel,
wechselhaft,
wechselwarm
we|cken, der Wecker
Wedel (SH)
we|deln, der Wedel
we|der, weder kalt
noch warm
Weener (NI)
weg, geh weg!
der **Weg,** die Wege
Wegberg (NRW)
we|gen,
wegen des Regens
weg|flie|gen,
er flog weg,
er ist weggeflogen
weg|ge|hen,
sie ging weg,
sie ist weggegangen

Weimar

We bis We

weg|lau|fen,
er lief weg,
sie ist weggelaufen

weg|neh|men,
sie nahm weg,
sie hat weggenommen

weg|wer|fen,
sie warf weg,
sie hat weggeworfen

weg|zie|hen,
er zog weg,
er ist weggezogen

weh, es tut weh

we|hen

die **Wehr,** die Wehren

sich **weh|ren,** er wehrte sich,
wehrlos

das **Weib,** die Weiber,
weiblich

weich

die **Wei|che,** die Weichen

wei|chen, sie wich,
sie ist gewichen

die **Wei|de,** die Weiden

Weiden
in der Oberpfalz (BY)

sich **wei|gern,**
sie weigerte sich,
die Weigerung

die **Wei|he,** die Weihen,
weihen, einweihen

der **Wei|her,** die Weiher

das **Weih|nach|ten/**
die Weih|nacht

weil, weil ich es will

Weil der Stadt (BW)

die **Wei|le,** eine Weile

der **Wei|ler,** die Weiler

Weilheim
in Oberbayern (BY)

der **Wein,** die Weine,
die Weintraube

wei|nen

Weingarten (BW)

Weinheim (BW)

Weinstadt (BW)

die **Wei|se,**
die Art und Weise

wei|sen,
sie wies den Weg,
sie hat gewiesen,
die Weisung

die **Weis|heit,**
die Weisheiten, weise

weis|ma|chen, sie
machte ihm etwas weis

ich **weiß,** du weißt
(von wissen)

weiß,
die weiße Fahne hissen,
Weiße und Schwarze,
die Farbe Weiß

Wesel

We bis We

Weißenburg in Bayern (BY)
Weißenfels (ST)
der **Weiß|kohl**
Weißwasser/O. L. (SN)
weit, weiter, die Weite, ohne Weiteres, alles Weitere, weiterhin
wei|ter|fah|ren, sie fuhr weiter, sie ist weitergefahren
wei|ter|ge|hen, er ging weiter, er ist weitergegangen
Weiterstadt (HE)
der **Wei|zen**
wel|che, welche Katze
wel|cher, welcher Kater
wel|ken, welk
die **Wel|le,** die Wellen, wellig
der **Wel|len|sit|tich,** die Wellensittiche
der **Wel|pe,** die Welpen
die **Welt,** die Welten, der Weltkrieg, weltweit
das **Welt|all,** der Weltraum
wem, wem vertraust du?
wen, wen siehst du?
(sich) **wen|den,** sie wendete/wandte (sich), die Wendung
Wendlingen am Neckar (BW)
we|nig, wenige Tage, wenigstens
wenn du kommst
wer, wer war das?
wer|ben, sie wirbt, er warb, er hat geworben,
die **Wer|bung**
Werdau (SN)
wer|den, es wird, es wurde, es ist geworden
Werder (Havel) (BB)
Werdohl (NRW)
wer|fen, er wirft, er warf, er hat geworfen, wirf!
die **Werft,** die Werften
das **Werk,** die Werke, werken, die Werkstatt, das Werkzeug
Werl (NRW)
Wermelskirchen (NRW)
Werne (NRW)
Wernigerode (ST)
wert, viel wert sein
der **Wert,** die Werte, wertvoll, wertlos
Wertheim (BW)
das **We|sen,** die Wesen

we|sent|lich
die **We|ser**
wes|halb
die **Wes|pe,** die Wespen
Wesseling (NRW)
wes|sen
der **Wes|ten,** westlich
Westerstede (NI)
West|fa|len, die Westfalen, westfälisch
wes|we|gen
der **Wett|be|werb,** die Wettbewerbe
wet|ten, die Wette, der Wettkampf
das **Wet|ter**
Wetter (Ruhr) (NRW)
Wetzlar (HE)
der **Wicht,** die Wichte
wich|tig, die Wichtigkeit
wi|ckeln, die Wicklung
wi|der (gegen), widerlegen, widerrufen, erwidern, widersprechen, der Widerspruch, der Widerstand, der Widerwille, die Widerworte widerlich, widersinnig, widerwillig
wi|der|fah|ren, es widerfuhr ihm, es ist ihm widerfahren
wid|men, die Widmung
wie
wie, wie ich und du
wie|der (noch einmal)
wie|der|ho|len, die Wiederholung
wie|der|kom|men, er kam wieder, sie ist wiedergekommen
das **Wie|der|se|hen,** auf Wiedersehen
wie|de|rum
die **Wie|ge,** die Wiegen
wie|gen, sie wog, sie hat gewogen
Wiehl (NRW)
Wies|ba|den (Hauptstadt von Hessen)
die **Wie|se,** die Wiesen
das **Wie|sel,** die Wiesel
Wiesloch (BW)
wie|so
wie viel, wie viele
wild, die Wildnis, wildfremd
das **Wild,** das Wildschwein
Wildeshausen (NI)
Wildungen, Bad (HE)

Witten

Wi bis **Wi**

Wilhelmshaven (NI)

der **Wil|le,** ich tue es wider Willen, um Himmels willen, um meinetwillen

Willich (NRW)

wil|lig

will|kom|men

will|kür|lich, die Willkür

wim|meln

wim|mern

der **Wim|pel,** die Wimpel

die **Wim|per,** die Wimpern

der **Wind,** die Winde, windig, windstill, die Windenergie

die **Win|del,** die Windeln

win|den, er wand, er hat gewunden, die Windung

die **Wind|po|cken**

der **Win|kel,** die Winkel

win|ken, sie hat gewinkt/gewunken

Winnenden (BW)

win|seln

Winsen (Luhe) (NI)

der **Win|ter,** die Winter, der Winterschlaf

der **Win|zer,** die Winzer

win|zig

der **Wip|fel,** die Wipfel

wip|pen, die Wippe

Wipperfürth (NRW)

wir

der **Wir|bel,** die Wirbel, die Wirbelsäule

wird, es wird gut

wir|ken, die Wirkung, wirksam

wirk|lich, die Wirklichkeit

wirr, der Wirrwarr

der **Wirt,** die Wirte

die **Wirt|schaft,** wirtschaftlich

wi|schen, der Wischer

Wismar (MV)

wis|pern

wis|sen, sie weiß, er wusste, er hat gewusst, das Wissen, die Wissenschaft

Wittenberg (ST)

Wittenberge (BB)

die **Wit|te|rung,** die Witterungen

Wittlich (RP)

Wittmund (NI)

Wittstock/Dosse (BB)

die **Wit|we,** die Witwen, der Witwer

A B C D E F G H I J K L M N O P Q R S T U V W X Y Z

der **Witz,** die Witze, witzig
Witzenhausen (HE)
wo, wo wir leben
die **Wo|che,** wochenlang, wöchentlich
wo|durch
wo|für
die **Wo|ge,** die Wogen
wo|her
wo|hin
wohl, das Wohl, der Wohlstand, wohlfühlen, zum Wohl!
woh|nen, sie wohnte, die Wohnung, das Wohnzimmer
sich **wöl|ben,** es wölbte sich, die Wölbung
der **Wolf,** die Wölfe
Wolfenbüttel (NI)
Wolfratshausen (BY)
Wolfsburg (NI)
die **Wol|ke,** die Wolken
die **Wol|le,** das Wollknäuel
wol|len, sie will, sie wollte, sie hat gewollt
wo|mit
wo|ran
wo|rauf
wo|rin
Worms (RP)

das **Wort,** die Wörter/ Worte, wortlos
Wörth am Rhein (RP)
wört|lich, die wörtliche Re|de
wo|rü|ber, worum
wo|von, wovor
wo|zu
das **Wrack,** die Wracks
wrin|gen, sie wrang, sie hat gewrungen
der **Wu|cher,** wuchern
die **Wucht,** wuchtig
wüh|len
Wülfrath (NRW)
wund sein, die Wunde
das **Wun|der,** die Wunder
wun|der|bar
sich **wun|dern,** er wunderte sich
der **Wunsch,** die Wünsche, wünschen
Wunstorf (NI)
er **wür|de,** ich würde gern
die **Wür|de,** würdig
der **Wurf,** der Würfel, würfeln
wür|gen
der **Wurm,** die Würmer
Würselen (NRW)
die **Wurst,** die Würste

Zarrentin

Würt|tem|berg,
die Württemberger,
württembergisch
Würzburg (BY)
die **Wür|ze,** die Würzen,
würzen, würzig
die **Wur|zel,** die Wurzeln
Wurzen (SN)
ich **wuss|te** (von wissen)
die **Wüs|te,** die Wüsten
die **Wut,** wütend

X x

x-mal
das **Xy|lo|fon**/Xy|lo|phon,
die Xylofone

Y y

die **Yacht**
das **Yp|si|lon**

Z z

die **Za|cke**/der Za|cken,
die Zacken, zackig
zag|haft
zäh, die Zähigkeit,
zähflüssig
die **Zahl,** die Zahlen
zah|len, die Zahlung
zäh|len, der Zähler,
zahlreich, zahllos
zahm, die Zähmung
der **Zahn,** die Zähne,
die Zahnschmerzen
die **Zan|ge,** die Zangen
zan|ken, der Zank,
zänkisch
der **Zap|fen,** die Zapfen,
das Zäpfchen, zapfen
zap|peln,
der Zappelphilipp
zart, zärtlich
zau|bern, der Zauber,
der Zauberer
zau|dern
der **Zaun,** die Zäune
z. B. (zum Beispiel)
das **Ze|bra,** die Zebras
die **Ze|che,** die Zechen
die **Ze|cke,** die Zecken

Zeitz

die **Ze|he**/der Zeh, die Zehen
zehn, ein Zehntel
das **Zei|chen,** die Zeichen
zeich|nen, die Zeichnung
zei|gen, der Zeiger
die **Zei|le,** die Zeilen
die **Zeit,** die Zeiten, eine Zeit lang, zurzeit ist Winter, zur Zeit unserer Eltern, nach einiger Zeit
die **Zeit|schrift,** die Zeitschriften
die **Zei|tung,** die Zeitungen
die **Zel|le,** die Zellen
das **Zelt,** die Zelte
der **Ze|ment,** zementieren
die **Zen|sur,** die Zensuren, zensieren
der/das **Zen|ti|me|ter** (cm), die Zentimeter
der **Zent|ner,** die Zentner
zen|tral, die Zentrale
das **Zen|trum,** die Zentren
der **Zep|pe|lin,** die Zeppeline
zer|bre|chen, es zerbrach, es ist zerbrochen
Zerbst/Anhalt (ST)
zer|knirscht
zer|rei|ßen, es zerriss, es ist zerrissen
zer|ren, die Zerrung
zer|stö|ren, die Zerstörung
zer|streut
ze|tern
der **Zet|tel,** die Zettel
das **Zeug**
der **Zeu|ge,** die Zeugen, die Zeugin
zeu|gen, die Zeugung, es zeugte von Mut
das **Zeug|nis,** die Zeugnisse
Zeulenroda-Triebes (TH)
der **Zick|zack,** im Zickzack
die **Zie|ge,** die Ziegen
der **Zie|gel,** die Ziegel
der **Zie|gen|pe|ter**
zie|hen, sie zog, er hat gezogen, die Ziehung
das **Ziel,** die Ziele, zielen
ziem|lich
die **Zier,** die Zierde
(sich) **zie|ren,** er zierte (sich)
zier|lich
die **Zif|fer,** die Ziffern
zig, zigmal, zigtausend
die **Zi|ga|ret|te,** die Zigaretten
die **Zi|gar|re,** die Zigarren

Zittau

das **Zim|mer,** die Zimmer
der **Zim|mer|mann,** die Zimmerleute
zim|mern
zim|per|lich
der **Zimt**
das **Zink**
das **Zinn**
der **Zins,** die Zinsen
der **Zip|fel,** die Zipfel, die Zipfelmütze
zir|ka (ca. = ungefähr)
der **Zir|kel,** die Zirkel
der **Zir|kus,** die Zirkusse
Zirndorf (BY)
zir|pen
zi|schen
das **Zi|tat,** die Zitate
die **Zi|tro|ne,** die Zitronen
zit|tern
die **Zit|ze,** die Zitzen
die **Zi|vil|cou|ra|ge** [sprich: ziwilkura~~sche~~]
die **Zi|vi|li|sa|ti|on**
der **Zi|vi|list,** die Zivilisten
der **Zoff**
zö|gern
der **Zoll,** die Zölle
die **Zo|ne,** die Zonen
der **Zoo,** die Zoos, der zoologische Garten

die **Zoo|lo|gie**
der/das **Zoom** [sprich: dsuum], zoomen
der **Zopf,** die Zöpfe
der **Zorn,** zornig
Zossen (BB)
zu, zu viel, zu wenig
zu|al|ler|erst
zu|al|ler|letzt
das **Zu|be|hör**
die **Zuc|chi|ni** [sprich: zuckini]
die **Zucht,** züchten, der Züchter
zu|cken
der **Zu|cker,** zuckern, zuckersüß
zu|de|cken, sie deckte zu
zu|ei|nan|der
zu En|de
zu|erst
der **Zu|fall,** die Zufälle, zufällig
zu|frie|den, die Zufriedenheit
der **Zug,** die Züge
zu|ge|ben, ich gab zu, ich habe zugegeben
der **Zü|gel,** die Zügel, zügeln
zü|gig

Zülpich

Zu bis Zu

zugleich
zugucken, ich guckte zu, ich habe zugeguckt
zugunsten
zugute
der **Zugvogel,** die Zugvögel
zuhalten, sie hielt zu, sie hat zugehalten
zu Hause sein, ich liebe mein Zuhause
zuhören
zuklappen
die **Zukunft,** zukünftig
zulässig (erlaubt)
zuletzt
zuliebe, mir zulieb
zum (zu dem Auto)
zumachen, er machte zu
zumal
zumeist (meistens)
zumindest (mindestens)
zumute/zu Mute sein
die **Zumutung,** die Zumutungen, zumuten, zumutbar
zunächst
der **Zuname**
zünden, die Zündung
die **Zunft,** die Zünfte, zünftig
die **Zunge,** die Zungen
züngeln
zunichte
zunutze
zupfen
zur (zu der Oma)
zurück
zurückgeben, er gab zurück, er hat zurückgegeben
zurückkommen, er kam zurück, er ist zurückgekommen
der **Zuruf,** die Zurufe, zurufen
zurzeit (zurzeit verreist)
zusammen
zusammenbrechen
der **Zusammenhang,** die Zusammenhänge, zusammenhängen
zusammenstoßen
zusätzlich, der Zusatz
zuschauen, sie schaute zu, der Zuschauer
zuschlagen, er schlug zu, sie hat zugeschlagen
zuschulden, sie lässt sich nichts zuschulden kommen

Zwickau

zu|se|hen, er sah zu,
er hat zugesehen
der **Zu|stand,** die Zustände
zu|stan|de brin|gen,
er brachte zustande,
er hat zustande gebracht
zu|stim|men,
sie stimmte zu,
die Zustimmung
zu|ta|ge/
zu Ta|ge kommen
zu|tiefst
zu|trau|lich
zu|ver|läs|sig
zu|ver|sicht|lich
zu viel
zu|vor
zu|wei|len
zu we|nig
zu|wi|der
zu|züg|lich
der **Zwang,** die Zwänge
zwan|zig
zwar
der **Zweck,** die Zwecke,
zwecklos, zweckmäßig
zwei, zweimal, zweitens,
zweihundert,
zu zweit/zu zweien,
zweistimmig
Zweibrücken (RP)

der **Zwei|fel,** die Zweifel,
zweifeln, zweifellos
der **Zweig,** die Zweige
der **Zwei|te Welt|krieg**
der **Zwerg,** die Zwerge
die **Zwet|sche**/Zwetsch|gen
zwi|cken
der **Zwie|back,**
die Zwiebäcke
die **Zwie|bel,** die Zwiebeln
zwi|schen|durch
der **Zwie|spalt**
die **Zwie|tracht**
die **Zwil|le,** die Zwillen
der **Zwil|ling,** die Zwillinge
zwin|gen, sie zwang,
sie hat gezwungen,
der Zwang
der **Zwin|ger,** die Zwinger
(Tierkäfig)
zwin|kern
der **Zwirn,** die Zwirne
zwi|schen,
der Zwischenfall,
zwischendurch
zwit|schern
zwölf
der **Zy|lin|der,** die Zylinder

4. Kleine Grammatik

Verb (Tunwort)

	Beispiele
Viele Wörter sagen, was man tut oder was geschieht. Wir nennen sie **Verben.**	malen helfen
Verben sagen oft, zu welcher Zeit etwas passiert. Manchmal passiert etwas jetzt gerade. Diese Zeitform heißt Gegenwart.	er malt sie hilft
Manchmal wird es erst später passieren. Diese Zeitform heißt Zukunft.	er wird malen sie wird helfen
Manchmal ist es bereits passiert. Diese Zeitform heißt Vergangenheit.	er malte sie half er hat gemalt sie hat geholfen

Nomen (Namenwort)

Manche Wörter sind Namen. Namenwörter nennen wir **Nomen.** Nur Nomen schreiben wir groß. Es gibt Nomen für:	
Menschen,	Lisa, Meier, Kind
Tiere,	Hund, Mimi
Dinge, die man greifen kann,	Tisch, Hose, Eis
Dinge, die man nicht greifen kann.	Liebe, Wut, Friede
Nomen gibt es fast immer in der Einzahl (Singular) und in der Mehrzahl (Plural).	der Hund, die Hunde die Hose, die Hosen

Artikel (Begleiter)

Fast alle Nomen haben einen Begleiter: *der, die, das, ein, eine.*	*der* Hund *die* Hose *das* Kind *ein* Stern

Pronomen (Fürwort)

Für Nomen kann man auch Stellvertreter einsetzen.	Die *Frau* fährt Auto. *Sie* fährt Auto.

Adjektiv (Wiewort)

Viele Wörter sagen, wie die Dinge sind oder wie du sie findest. Wir nennen sie **Adjektive**.	klein, rot, laut frech, lieb, schön
So gut wie alle Adjektive lassen sich „steigern“.	klein, kleiner, am kleinsten

Wie ein guter Satz entsteht

die Hanna   der Max   schreiben   ein Brief

Wenn aus dem Durcheinander in diesem Kasten ein Satz werden soll, müssen die Wörter „zusammenspielen“. Dafür brauchen sie einen „Spielführer“. Der sagt, was in dem Satz getan wird und was passiert. Ein Spielführer im Satz heißt **Prädikat** (Satzaussage). Spielführer kann immer nur ein Verb sein. Das ist hier schreiben.	**Prädikat** (Satzaussage)

Der Spielführer braucht Mitspieler.
Die heißen **Satzglieder.**

Satzglieder

Zuerst fragt man natürlich:
WER schreibt denn da was?
Wir brauchen also einen Mitspieler,
der Antwort gibt auf die Frage:
Wer tut etwas?
Antwort, zum Beispiel: die Hanna

Dieser Mitspieler heißt
Subjekt (Satzgegenstand).
Jetzt sind sie zu zweit, aber das ist
noch kein Satz: die Hanna schreiben

Ein Satz wird das erst, wenn beide
zusammenspielen.

Die Hanna schreibt .

Subjekt **Prädikat**

WER?
Subjekt
(Satzgegenstand)

Wir wollen mehr wissen: WEN oder WAS
schreibt die Hanna? Der neue Mitspieler ist eine
WEN-Ergänzung: ein Brief
Der Fachname für dieses Satzglied ist
Objekt (Ergänzung).
Das Objekt muss sich auf seine Mitspieler
im Satz einstellen: ein**en** Brief

WEN oder WAS?
Objekt
(Wen-Ergänzung)

Nun heißt der Satz:

Die Hanna | schreibt | ein**en** Brief .

Subjekt **Prädikat** **Objekt**

Jetzt wollen wir aber mehr wissen! WEM schreibt die Hanna einen Brief? Wir brauchen noch eine WEM-Ergänzung. Die heißt ebenfalls Objekt: der Max

Als Mitspieler muss sich auch der Max anpassen: de**m** Max

Und dann muss er sich an geeigneter Stelle einordnen. Nun heißt der Satz:

Die Hanna | schreibt | dem Max | einen Brief .

Subjekt **Prädikat** **Objekt** **Objekt**

WEM?

Objekt

(Wem-Ergänzung)

Aber die Satzglieder können sich auch ganz anders ordnen. Das muss man ausprobieren. Dann überlegt man: Was klingt am besten? Was ist am leichtesten zu verstehen? Machen wir mal eine Umstellprobe. Zum Beispiel so:

De**m** Max | schreibt | die Hanna | einen Brief .

Oder so:

Ein**en** Brief | schreibt | die Hanna | dem Max .

Gute Autorinnen und Autoren erkennt man daran: Sie überlegen oft, ob eine Umstellung wohl besser ist.

139
TRAFALGAR SQUARE
UNDERGROUND

5. Englisch

My family and friends

father
(dad)

mother
(mum)

parents

brother

sister

baby

grandmother
(grandma)

grandfather
(grandpa)

uncle

aunt

boy

girl

friends

My body and face

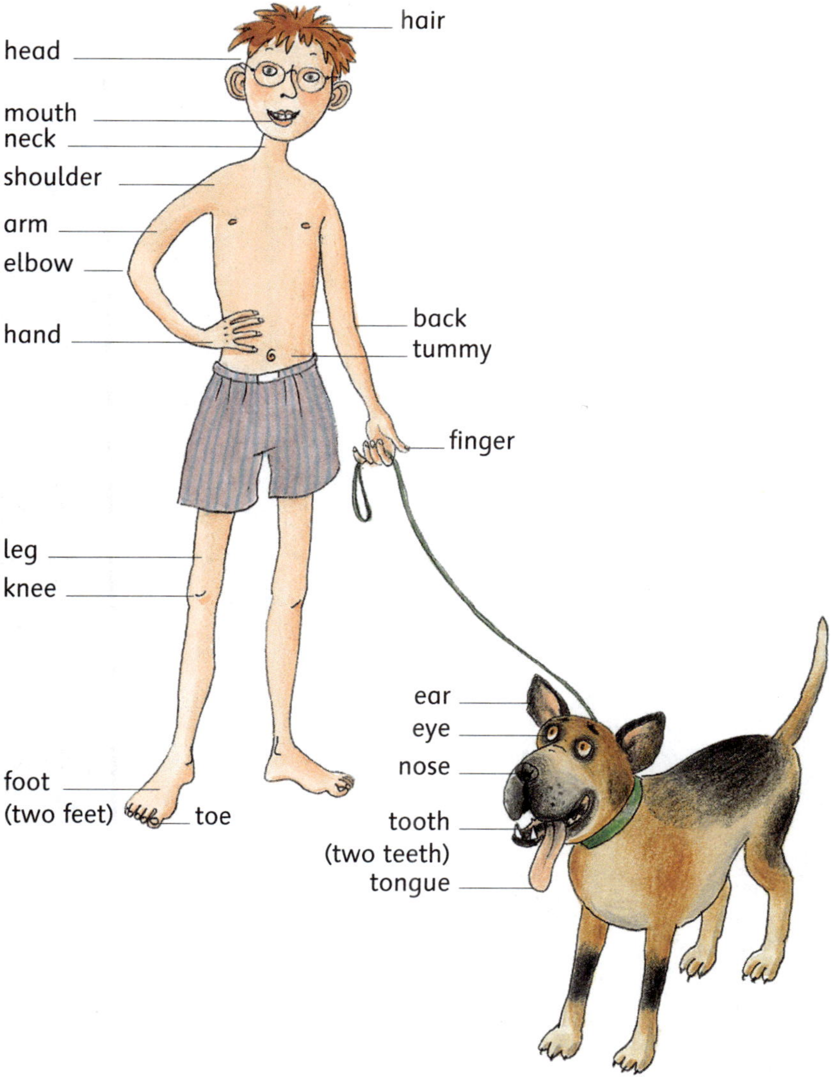

Clothes and colours

brown yellow green blue black red white orange pink purple grey

T-shirt trousers shorts cap scarf

gloves sweatshirt shoes dress jeans

anorak socks skirt pullover coat

hat jacket cardigan blouse boots

Opposites

happy sad

new old

left right

hot cold

big small

fine ill

At school

GREAT BRITAIN
IRELAND
ONE FOOT - TWO FEET
one tooth - two teeth
Can you give me this book, please?
Here you are.
Thank you!

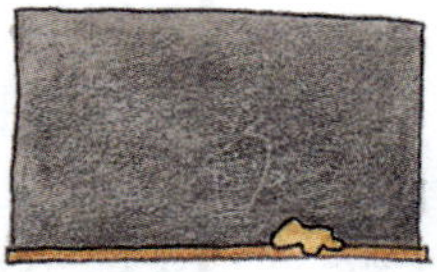
board

chalk

picture

table

exercise book

map

chair

schoolbag

book

ruler

scissors

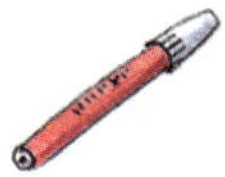
felt tip

pen

pencil

glue stick

pencil sharpener

rubber

pupil

teacher

desk

Food and drink

Would you like some juice?
Yes, please.

Would you like a cup of tea?
No, thank you.

What would you like to eat?
salt
bowl
bottle
spoon
fork
cup
knife
glass
plate
I would like ...

Wild animals

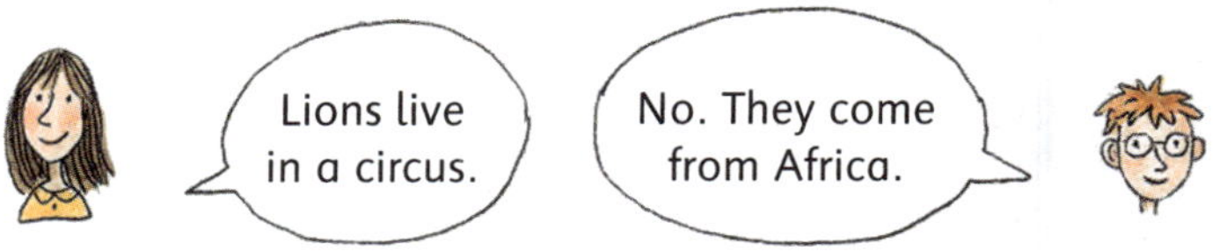

Pets and farm animals

cat

rabbit

fish

mouse

hamster

guinea pig

budgie

dog

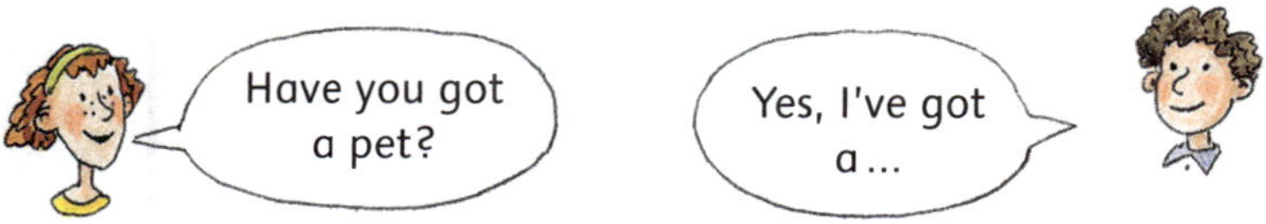

Time

1	one	4	four	7	seven	10	ten
2	two	5	five	8	eight	11	eleven
3	three	6	six	9	nine	12	twelve

At ... I ...

get up.

have breakfast.

go to school.

have lunch.

do my homework.

play ...

have supper.

go to bed.

 two o'clock

 a quarter past one

 half past two

 a quarter to three

 ten to four

 ten past four

Days of the week and my hobbies

I like ...

cycling

going to the cinema

playing cards

in-line skating

playing football

meeting friends

playing the guitar

reading books

(ballet) dancing

Monday	Tuesday	Wednesday	Thursday	Friday	Saturday	Sunday
		16^{00} football			Peter	

What are you doing on Saturday?

On Saturday I'm meeting friends.

Seasons

spring March – April – May **Easter**

summer June – July – August **holidays**

autumn September – October – November **Halloween**

winter December – January – February **Christmas**

My home

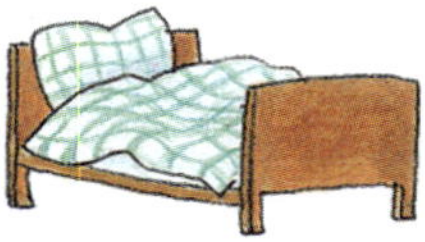
bed

wardrobe

door

window

lamp

computer

clock

bookshelf

ball

doll

game

bathroom

living room

kitchen

bedroom

stairs

garden

My town

bike

bus

car

motorbike

tram

taxi

train

Hello and goodbye

Questions and answers

A a

Abend	evening
Abendbrot essen	have supper
acht	eight
Affe	monkey
Afrika	Africa
alle	everybody
alt	old
Ampel	traffic lights
Ananas	pineapple
Anorak	anorak
Antwort	answer
anziehen	put on
Apfel	apple
Apfelsine	orange
April	April
Arm	arm
auch	too, also
aufstehen	get up
auf Wiedersehen	goodbye
Auge	eye
August	August
ausgezeichnet	fine
ausziehen	take off
Auto	car

B b

Baby	baby
Badezimmer	bathroom
Bahnhof	station
Ball	ball
Banane	banana
Bär	bear
Bauch	tummy
Bein	leg
Bett	bed
bezahlen	pay
Bild	picture
billig	cheap
Birne	pear
bitte	please
Blatt (Blätter)	leaf (leaves)
blau	blue
Bleistift	pencil
Blume	flower
Bluse	blouse
braun	brown
Brille	glasses
Brot	bread
Bruder	brother
Buch	book
Bus	bus
Bushaltestelle	bus stop
Butter	butter

C c

Computer	computer
Cornflakes	cornflakes

D d

danke	thank you
dein(e)	your
Delfin	dolphin
Dezember	December
Dienstag	Tuesday
Donnerstag	Thursday
Drachen	kite
drei	three
du	you

E e

Ei	egg
eins	one
Eis(creme)	ice cream
Elefant	elephant
elf	eleven
Ellbogen	elbow
Eltern	parents
Ente	duck
er	he
Erdbeere	strawberry
es	it
euer/eure	your

F f

Fahrrad	bike
Familie	family
Farbe	colour
Farm	farm
Februar	February
Feier	party
Fenster	window
Ferien	holidays
Fernseher	television
Filzstift	felt tip
Finger	finger
Fisch	fish
Flasche	bottle
Flugzeug	(air)plane
Frage	question
Frau	woman
Freitag	Friday
Freund	friend
Früchte	fruit
Fruchtsaft	fruit juice
Frühling	spring
Frühstück	breakfast
Fuchs	fox
Füller	pen
fünf	five
Fuß (Füße)	foot (feet)
Fußball	football

G g

Gabel	fork
Gans	goose
Garten	garden
Geburtstag	birthday
gefallen	like
Gegensatz	opposite
gehen	go
gelb	yellow
Geld	money
Gemüse	vegetable
geradeaus	straight ahead
Geschenk	present
Gesicht	face
Giraffe	giraffe
Gitarre	guitar
Glas	glass
Glocke	bell
glücklich	happy
Gras	grass
grau	grey
groß	big / large
Großeltern	grandparents
Großmutter	grandmother
Großvater	grandfather
grün	green
Gurke	cucumber
gut	good

H h

Haar	hair
Hals	neck
Hamster	hamster
Hand	hand
Handschuhe	gloves
Hase	bunny
Haus	house
Haustier	pet
Heft	exercise book
heiß	hot
helfen	help
hell …	light …
Hemd	shirt
Herbst	autumn
heute	today
Hexe	witch
Hobby	hobby
Honig	honey
Hose	trousers
Huhn	chicken
Hund	dog
Hut	hat

I i

ich	I
Igel	hedgehog
ihr	you
ihr(e)	her / their

J j

ja	yes
Jacke	jacket
Jahr	year
Jahreszeit	season
Januar	January
Jeans	jeans
jetzt	now
Joghurt	yoghurt
Juli	July
Junge	boy
Juni	June

K k

Kaffee	coffee
kalt	cold
Kamel	camel
Känguru	kangaroo
Kaninchen	rabbit
Karte	card
Kartoffel	potato
Käse	cheese
Katze	cat
Kino	cinema
Kirche	church
Kleber	glue stick
Kleid	dress
Kleidung	clothes
klein	little / small
Knie	knee
Kopf	head
Körper	body
krank	ill
Kreide	chalk
Krokodil	crocodile
Küche	kitchen
Kuchen	cake
Kuh	cow
Kürbis	pumpkin

L l

Laden	shop
Lampe	lamp
Landkarte	map
Lebensmittel	food
Lehrer(in)	teacher
Lieblings ...	favourite ...
lila	purple
Lineal	ruler
links	left
Löffel	spoon
Löwe	lion
lustig	funny

M m

Mädchen	girl
Mai	May
manchmal	sometimes
Mann	man
Mantel	coat
Markt	market
Marmelade	jam
März	March
Maus	mouse
Meer	sea
Meer-schweinchen	guinea pig
mein(e)	my
Messer	knife
Milch	milk
Mineralwasser	mineral water
Mittagessen	lunch
Mittwoch	Wednesday
Möhre	carrot
Monat	month
Mond	moon
Montag	Monday
Morgen	morning
morgen	tomorrow
Motorrad	motorbike
müde	tired
Mund	mouth
Musik	music
Mutter	mother (mum)
Mütze	cap

N n

Nachmittag	afternoon
Nacht	night
Nase	nose
nass	wet
Nebel	fog
nein	no
Nest	nest
nett	nice
neu	new
neun	nine
Nilpferd	hippo
November	November

O o

Obst	fruit
Ohr	ear
Oktober	October
Oma	grandma
Onkel	uncle
Opa	grandpa
orange	orange
Osterei	Easter egg
Ostern	Easter

P p

Papa	dad
Paprika (grün)	green pepper
Pferd	horse
Pfirsich	peach
Pflaume	plum
Pilz	mushroom
pink	pink
Pinsel	brush
Post	post office
Preis	price
Pullover	pullover
Puppe	doll

R r

Radiergummi	rubber
rechts	right
Regal	shelf
Regen	rain
Regenbogen	rainbow
Regenschauer	shower
richtig	right
Rock	skirt
rot	red
Rücken	back

S s

Salat	lettuce
Salz	salt
sauber	clean
Schaf	sheep
Schal	scarf
Schauer	shower
Schere	scissors
Schinken	ham
Schlafzimmer	bedroom
Schlange	snake
Schlitten	sledge
Schmetterling	butterfly
schmutzig	dirty
Schneeball	snowball
Schneeflocke	snowflake
Schneemann	snowman
Schokolade	chocolate
schön	nice
Schrank (Kleider)	wardrobe
Schreibtisch	desk
Schuhe	shoes
Schule	school
Schüler(in)	pupil
Schultasche	schoolbag
Schulter	shoulder
schwarz	black
Schwein	pig
Schwester	sister
sechs	six

sein(e)	his
September	September
Shorts	shorts
sie (eine)	she
sie (mehrere)	they
sieben	seven
Socken	socks
Sommer	summer
Sonnabend	Saturday
Sonne	sun
Sonnenschein	sunshine
Sonntag	Sunday
Spaß	fun
Spiel	game
Spitzer	pencil sharpener
Stadt	town
Stern	star
Stiefel	boots
Straße	street
Straßenbahn	tram
Strickjacke	cardigan
Stuhl	chair
Supermarkt	supermarket
süß / Süßigkeit	sweet
Sweatshirt	sweatshirt
Swimmingpool	swimming pool

T t

Tafel	board
Tag	day
Tante	aunt
tanzen	dance
Tasche (Handtasche)	bag
Tasche (Hose)	pocket
Tasse	cup
Taxi	taxi
Tee	tea
Teller	plate
teuer	expensive
Tier	animal
Tiger	tiger
Tisch	table
Toilette	toilet
Tomate	tomato
traurig	sad
treffen	meet
Treppe	stairs
trocken	dry
T-Shirt	T-Shirt
Tür	door

U u

U-Bahn	underground
Uhr	watch, clock
unser(e)	our
Urlaub	holidays

V v

Vater	father (dad)
vielleicht	perhaps
vier	four
violett	purple
Vogel	bird
Vormittag	morning

W w

Wagen	car
Wand	wall
warum	why
was	what
Wasser	water
Wecker	alarm clock
Weihnachten	Christmas
Weihnachtsbaum	Christmas tree
Weintrauben	grapes
weiß	white
Wellensittich	budgie
Welt	world
wer	who
Wetter	weather
wie	how
wild	wild
Wind	wind
Winter	winter
wir	we
wissen	know
Witz	joke
wo	where
Woche	week
Wohnzimmer	living room
Wolke	cloud
Wort	word
Würfel	dice
Wurst	sausage

Z z

Zahl	number
Zahn (Zähne)	tooth (teeth)
Zauberer	wizard
Zeh	toe
zehn	ten
Zeit	time
Zimmer	room
Zitrone	lemon
Zucker	sugar
Zug	train
Zunge	tongue
zwanzig	twenty
zwei	two
Zwiebel	onion
zwölf	twelve

Café

6. Französisch

Ma famille et mes amis

le père

la mère

les parents

le frère

la sœur

le bébé

la grand-mère

le grand-père

les grands-parents

l'oncle

la tante

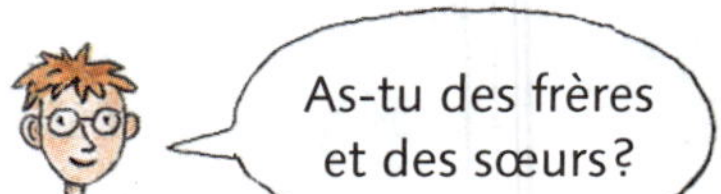

le garçon

la fille

les amis

Mon corps et mon visage

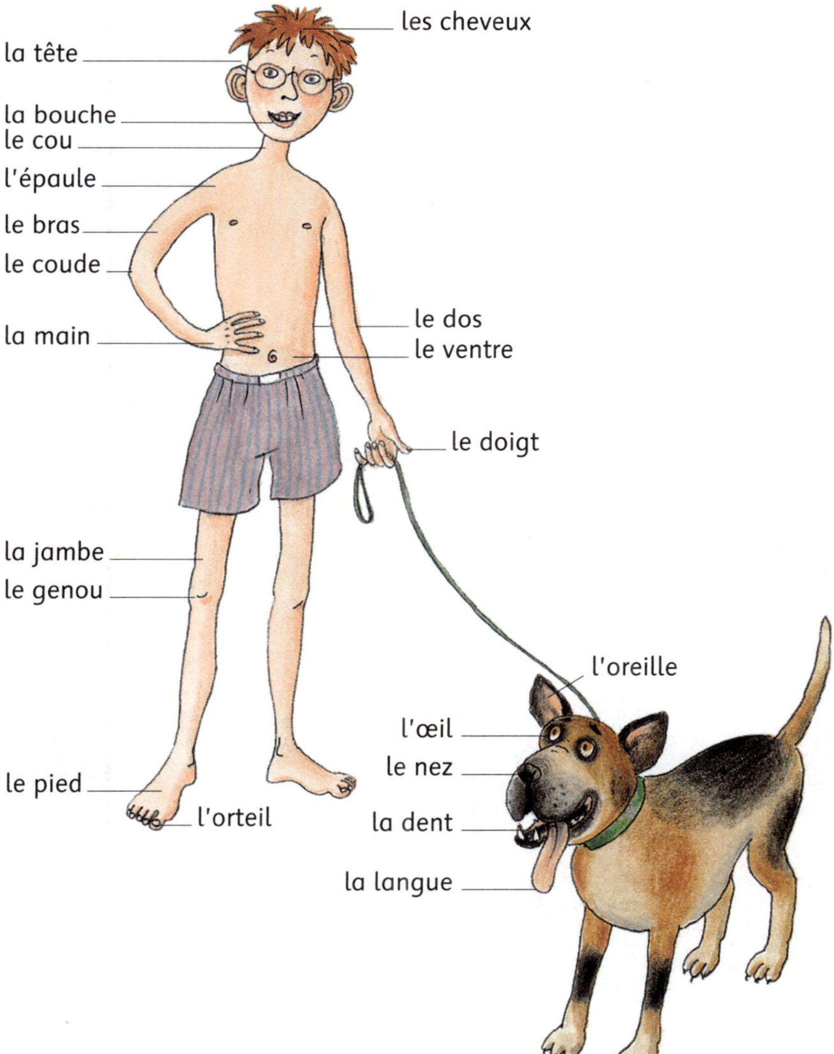

Les vêtements et les couleurs

brun jaune vert bleu noir rouge blanc orange rose violet gris

le tee-shirt

le pantalon

le short

le bonnet

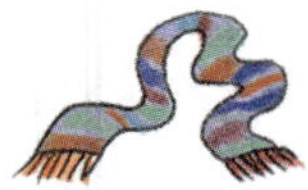
l'écharpe

les gants

le sweat-shirt

les chaussures

la robe

le jean

l'anorak

les chaussettes

la jupe

le pullover

le manteau

le chapeau

la veste

le cardigan

la chemise

les bottes

Les contraires

heureux triste

nouveau vieux

à gauche à droite

chaud froid

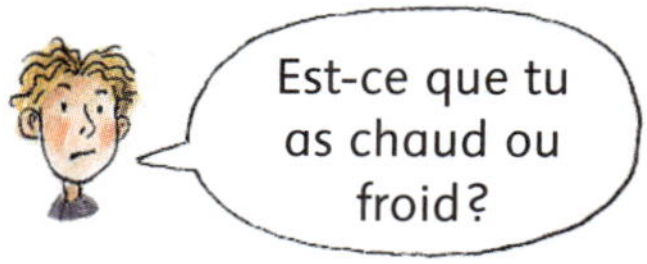

grand petit

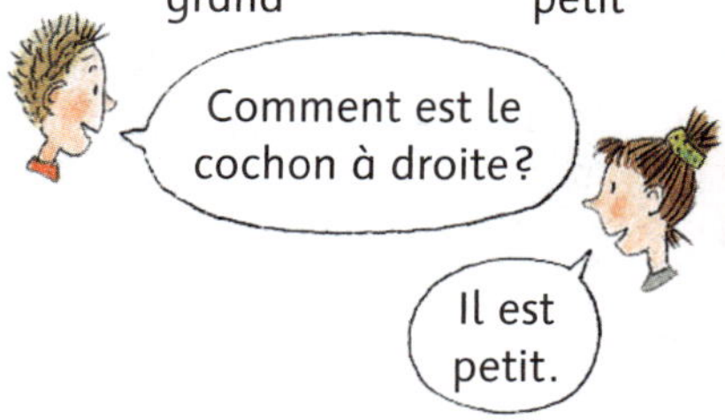

en bonne santé malade

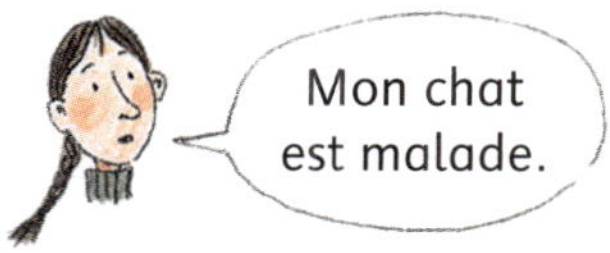

À l'école

Où est le chat?
FRANCE
Mon chat est sous la table.
Mon chat est sur la table.
Peux-tu me donner le livre, s'il te plaît?
Merci!
Voilà.

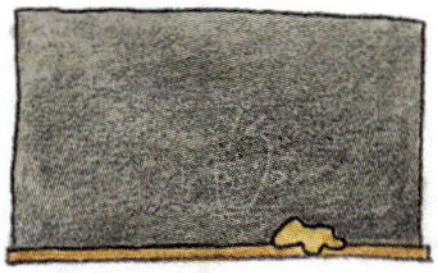
le tableau

la craie

le dessin

la table

le cahier

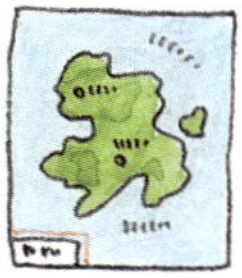
la carte

la chaise

le cartable

le livre

la règle

les ciseaux

le feutre

le stylo

le crayon à papier

la colle

le taille-crayon

la gomme

l'élève

la maîtresse

le bureau

Les aliments et les boissons

Est-ce que tu veux du jus de fruits?
Oui, merci.

Est-ce que je peux prendre un biscuit?
Oui, bien sûr.

Qu'est-ce que tu aimerais manger?
la cuillère
le bol
le sel
la fourchette
la bouteille
cup
le couteau
l'assiette
le verre
Je voudrais ...

Les animaux sauvages

Les animaux domestiques et les animaux de la ferme

le chat

le lapin

le poissson

la souris

le hamster

le cochon d'Inde

la perruche

le chien

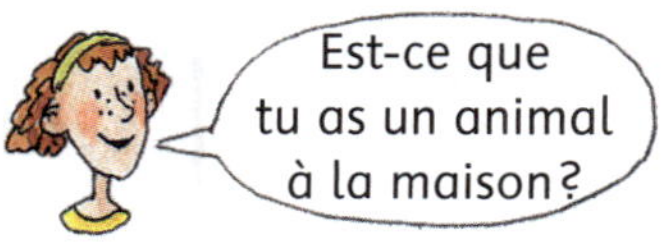

L'heure et ma journée

1	un	4	quatre	7	sept	10	dix
2	deux	5	cinq	8	huit	11	onze
3	trois	6	six	9	neuf	12	douze

À ... je ...

me lève.

prends mon petit-déjeuner.

vais à l'école.

déjeune.

fais mes devoirs.

joue avec mon ami.

je dîne.

vais au lit.

À deux heures ...

À une heure et quart ...

À deux heures et demie ...

À trois heures moins le quart ...

À quatre heures moins dix ...

À quatre heures dix ...

Les jours de la semaine et les loisirs

J'aime …

Qu'est-ce que tu aimes faire?

faire du vélo

aller au cinéma

jouer aux cartes

faire du roller

jouer au football

rencontrer des amis

jouer de la guitare

lire des livres

faire de la danse classique

Lundi	Mardi	Mercredi	Jeudi	Vendredi	Samedi	Dimanche
		16^{00} football			Pierre	

Que fais-tu mercredi?

Mercredi, je rencontre des amis pour jouer au foot.

Les saisons

le printemps mars – avril – mai **Pâques**

l'été juin – juillet – août **les vacances**

l'automne	septembre – octobre – novembre	**Halloween**

l'hiver	décembre – janvier – février	**Noël**

À la maison

le lit

l'armoire à vêtements

la porte

la fenêtre

la lampe

l'ordinateur

la pendule

l'étagère à livres

la balle

la poupée

le jeu

la salle de bains

la salle de séjour

la cuisine

la chambre

l'escalier

le jardin

Ma ville et les moyens de transport

le vélo

le bus

la voiture

la moto

le tramway

le taxi

le train

Bonjour et au revoir

Questions et réponses

(w.) bedeutet: Artikel la
(m.) bedeutet: Artikel le

A a

Abend	le soir
Abendbrot essen	dîner
acht	huit
Affe	le singe
Afrika	l'Afrique (w.)
alle	tous
alt	vieux
Ampel	le feu de circulation
Ananas	l'ananas (m.)
Anorak	l'anorak (m.)
Antwort	la réponse
Apfel	la pomme
Apfelsine	l'orange (w.)
April	avril
Arm	le bras
auch	aussi
aufstehen	se lever
auf Wiedersehen	au revoir
Auge	l'œil (m.) (Mehrzahl: les yeux)
August	août
ausgezeichnet	excellent
Auto	la voiture

B b

Baby	le bébé
Badezimmer	la salle de bains
Bahnhof	la gare
Ball	la balle
Banane	la banane
Bär	l'ours (m.)
Bauch	le ventre
Bein	la jambe
Bett	le lit
Bild	le dessin
Birne	la poire
bitte	s'il te plaît (höflich: s'il vous plaît)
Blatt	la feuille
blau	bleu
Bleistift	le crayon à papier
Blume	la fleur
Bluse	la chemise
Bonbon	le bonbon
braun	brun
Brille	les lunettes (Mehrzahl)
Brot	le pain
Bruder	le frère
Buch	le livre
Bus	le bus
Bushaltestelle	l'arrêt de bus (m.)
Butter	le beurre

C c

Computer	l'ordinateur (m.)

D d

danke	merci
Delfin	le dauphin
Dezember	décembre
Dienstag	mardi
Donnerstag	jeudi
Drachen	le cerf-volant
drei	trois
du	tu

E e

Ei	l'œuf (m.)
eins	un
Eis(creme)	la glace
Elefant	l'éléphant (m.)
elf	onze
Ellenbogen	le coude
Eltern	les parents (Mehrzahl)
Ente	le canard
er	il
Erdbeere	la fraise
es	il

F f

Fahrrad	le vélo
Familie	la famille
Farbe	la couleur
Farm	la ferme
Februar	février
Fenster	la fenêtre
Ferien	les vacances (Mehrzahl)
Fernseher	la télévision
Filzstift	le feutre
Finger	le doigt
Fisch	le poisson
Flasche	la bouteille
Flugzeug	l'avion (m.)
Frage	la question
Freitag	vendredi
Freund	l'ami (m.)
Freundin	l'amie (w.)
Frucht	le fruit
Fruchtsaft	le jus de fruit
Frühling	le printemps
Frühstück	le petit-déjeuner
frühstücken	prendre le petit-déjeuner
Fuchs	le renard
Füller	le stylo
fünf	cinq
Fuß	le pied
Fußball	le football

G g

Gabel	la fourchette
Garten	le jardin
Geburtstag	l'anniversaire (m.)
Gegensatz	le contraire
geben	donner
gehen	aller
gelb	jaune
Gemüse	les légumes (Mehrzahl)
Gesicht	le visage
Giraffe	la girafe
Gitarre	la guitare
Glas	le verre
glücklich	heureux
grau	gris
groß	grand
Großeltern	les grand-parents (Mehrzahl)
Großmutter	la grand-mère
Großvater	le grand-père
grün	vert
Gurke	le concombre
gut	bon/bien
guten Tag	Bonjour

H h

Haar	le cheveu (Mehrzahl: les cheveux)
hallo	salut
Hals	le cou
Hamster	le hamster
Hand	la main
Handschuhe	les gants (Mehrzahl)
Haus	la maison
Haustier	l'animal domestique (m.)
Heft	le cahier
heiß	chaud
hell...	clair
Hemd	la chemise
Herbst	l'automne (m.)
heute	aujourd'hui
Hobby	le loisir
Honig	le miel
Hose	le pantalon
Huhn	la poule
Hund	le chien
Hut	le chapeau

I i

ich	je
ihr (geht)	vous (allez)

J j

ja	oui
Jacke	la veste
Jahr	l'année (w.)
Jahreszeit	la saison
Januar	janvier
Jeans	le jean
jetzt	maintenant
Joghurt	le yaourt
Juli	juillet
Junge	le garçon
Juni	juin

K k

Kaffee	le café
kalt	froid
Kamel	le chameau
Känguru	le kangourou
Kaninchen	le lapin
Karte	la carte
Kartoffel	la pomme de terre
Käse	le fromage
Katze	le chat
Keks	le biscuit
Kino	le cinéma
Kirche	l'église (w.)
Kleber	la colle
Kleid	la robe
Kleidung	les vêtements (Mehrzahl)
klein	petit
Knie	le genou
Kopf	la tête
Körper	le corps
krank	malade
Kreide	la craie
Krokodil	le crocodile
Küche	la cuisine
Kuchen	le gâteau
Kuh	la vache
Kürbis	la citrouille

L l

Lampe	la lampe
Lebensmittel	les aliments (Mehrzahl)
Lehrer	le maître
Lehrerin	la maîtresse
Lieblings ...	préféré
Lineal	la règle
links	à gauche
Löffel	la cuillère
Löwe	le lion

M m

Mädchen	la fille
Mai	mai
Mantel	le manteau
Marmelade	la confiture
März	mars
Maus	la souris
Meerschweinchen	le cochon d'Inde
Messer	le couteau
Milch	le lait
Mineralwasser	l'eau minérale (w.)
Mittagessen	le déjeuner
Mittwoch	mercredi
Möhre	la carotte
Montag	lundi
Morgen	le matin
morgen	demain
Motorrad	la moto
Mund	la bouche
Mutter	la mère (maman)
Mütze	le bonnet

N n

Nachmittag	l'après-midi (m.)
Nacht	la nuit
Nase	le nez
Nebel	le brouillard
nein	non
Nest	le nid
nett	gentil
neu	nouveau
neun	neuf
Nilpferd	l'hippopotame (m.)
November	novembre

O o

Obst	les fruits (Mehrzahl)
Ohr	l'oreille (m.)
Oktober	octobre
Onkel	l'oncle (m.)
orange	orange
Osterei	l'œuf de Pâques (m.)
Ostern	Pâques

P p

Paprika (grün)	le poivron (vert)
Pferd	le cheval
Pflaume	la prune
Pilz	le champignon
pink	rose
Post	la poste
Pullover	le pullover
Puppe	la poupée

R r

Radiergummi	la gomme
rechts	à droite
Regal	l'étagère (w.)
Regen	la pluie
Rock	la jupe
rot	rouge
Rücken	le dos

S s

Salat	la salade
Salz	le sel
Schaf	le mouton
Schal	l'écharpe (w.)
Schauer	la douche
Schere	les ciseaux (Mehrzahl)
Schinken	le jambon
Schlafzimmer	la chambre
Schlange	le serpent
Schlitten	la luge
Schmetterling	le papillon
Schneeball	la boule de neige
Schneeflocke	le flocon de neige
Schneemann	le bonhomme de neige
Schokolade	le chocolat
schön	beau
Schrank	l'armoire (w.)
Schreibtisch	le bureau
Schuhe	les chaussures (Mehrzahl)
Schule	l'école (w.)
Schüler(in)	l'élève (w./m.)
Schultasche	le cartable
Schulter	l'épaule (w.)
schwarz	noir
Schwein	le cochon

Schwester	la sœur
sechs	six
September	septembre
Shorts	le short
sieben	sept
Socken	les chaussettes (Mehrzahl)
Sommer	l'été (m.)
Sonnabend	samedi
Sonne	le soleil
Sonnen-schein	le rayon de soleil
Sonntag	dimanche
Spiel	le jeu
Spitzer	le taille-crayon
Stadt	la ville
Stiefel	les bottes (Mehrzahl)
Straße	la rue
Straßenbahn	le tramway
Strickjacke	le cardigan
Stuhl	la chaise
Supermarkt	le supermarché
süß	sucré
Süßigkeit	la sucrerie
Sweatshirt	le sweat-shirt
Swimming-pool	la piscine

T t

Tafel	le tableau
Tag	le jour, la journée
Tante	la tante
Tasse	la tasse
Taxi	le taxi
Tee	le thé
Teller	l'assiette (w.)
Tier	l'animal (m.)
Tiger	le tigre
Tisch	la table
Tomate	la tomate
traurig	triste
Treppe	l'escalier (m.)
T-Shirt	le tee-shirt
Tür	la porte

U u

Uhr	la pendule
Urlaub	les vacances (Mehrzahl)

V v

Vater	le père (papa)
vier	quatre
violett	violet
Vogel	l'oiseau (m.)

W w

Wasser	l'eau (w.)
Weihnachten	Noël
Weihnachtsbaum	le sapin de Noël
weiß	blanc
Wellensittich	la perruche
Wetter	le temps
wild	sauvage
Wind	le vent
Winter	l'hiver (m.)
Woche	la semaine
Wohnzimmer	la salle de séjour
Wolke	le nuage

Z z

Zahn	la dent
Zeh	l'orteil (m.)
zehn	dix
Zeit	le temps
Zimmer	la pièce/ la chambre
Zitrone	le citron
Zucker	le sucre
Zug	le train
Zunge	la langue
zwei	deux
Zwiebel	l'oignon (m.)
zwölf	douze

Zu den Aufgaben auf den Seiten 6–17

4. Anna, Emma, Hanna, Lena, Maria, Sofie
Oder:
Anna, Berenike, Cordelia, Emma, Hanna, Lena, Maria, Philine, Sofie

5. Alexander, Elias, Felix, Lucas, Maximilian, Paul
Oder:
Alexander, Elias, Felix, Gero, Hennes, Lucas, Maximilian, Paul, Stig

6. Butterbrot, Dornröschen, Eisenkeil, Hühnerkoch, Nietied, Rinderfuß, Umsonst

7. *englische Vornamen:* Charlie, Grace, Harry, Jack, Lucy, Ruby
italienische Vornamen: Antonio, Chiara, Federico, Giuseppe, Lucia, Rosa
russische Vornamen: Dimitrij, Igor, Ljudmilla, Tatjana, Wladimir

8. Kadisha, Mendestino, Obelix, Zabija
Oder:
Atze, Bello, Cora, Dago, Ekko, Falko
Oder:
Atze, Bello, Cora, Dago, Ekko, Falko, Kadisha, Mendestino, Obelix, Zabija

16. Elli, Emma, Ente, Erde, Esel
Oder:
Angst, Apfel, Arbeit, Ast, Atom

17. Ofen, Ohr, Oma, Onkel, Ort, Osten, Otto, Ozean
Oder:
Pizza, Pommes, Puppe, Quatsch, Ring

18. *Wörter mit ä:* Äste, spät, Stängel
Wörter mit ö: böse, Brötchen, hören, können, plötzlich, zwölf
Wörter mit ü: müde, Rücken, Schüler, wünschen

20. Backe, baden, Bagger, Bahn, bald
Oder:
Backe, Bagger, Bahn, bald, Banane, Barren, Bast, Batterie, Bauer, Bayern

21. lachen, Lack, laden, Lager, lahm, Lampe, lang, lassen
Oder:
kochen, lachen, laden, lahm, lang, Latte, Mut, Mutter

22. Anna, Anton, Marie, Martin, Sofie, Sonja

Bildquellen

Wir danken den Städten und Gemeinden
für die Abdruckgenehmigung der Wappen.

Wörterbuch LolliPop

für Kinder der Grundschule

von Gerhard Sennlaub

Redaktion: Redaktion Primarstufe
Umschlaggestaltung und Layoutkonzept: Corinna Babylon
unter Beratung von Katharina Wolff-Steininger
Layout und technische Umsetzung: Corinna Babylon
Illustration: Naeko Ishida, Katharina Knebel

www.cornelsen.de

1. Auflage, 1. Druck 2013

Alle Drucke dieser Auflage sind inhaltlich unverändert
und können im Unterricht nebeneinander verwendet werden.

Druck: Parzeller print & media GmbH & Co. KG, Fulda

ISBN 978-3-06-083392-4

Inhalt gedruckt auf säurefreiem Papier aus nachhaltiger Forstwirtschaft.